Volker Schönberger

Basiswissen Schuldrecht AT

Die Grundlagen in Frage und Antwort

4. Auflage 2015

ISBN 978-3-86724-034-5

4. Auflage 2015

© 2015 niederle media

Bezug möglich direkt vom Verlag
niederle media
48341 Altenberge
Fax (02505) 93 98 99
E-Mail: info@niederle-media.de
www.niederle-media.de

▶ Inhalt

▶ Basiswissen Schuldrecht AT

▶ Vorwort

Dieses Skript ist gedacht als Einführung in die Grundlagen des Allgemeinen Teils des Schuldrechts. Nachlesen und nachbereiten kann man hier die Themen, die meist in den Einstiegs-Vorlesungen behandelt werden. Dazu gehört z.b. die Frage, wie ein *Schuldverhältnis entsteht* und welche *Umstände dem Entstehen der Schuldverhältnisse* entgegenstehen können.

Ein besonderes Augenmerk wird auf das *Erlöschen von Schuldverhältnissen* gelegt. Weiterhin werden die wichtigen und sehr klausurrelevanten Leistungsstörungen sowie deren Rechtsfolgen erläutert. Ferner wird auf das *Schadensrecht* und die *Abtretung* eingegangen.

Der Name **niederle media** steht für Skripten, die zu einem großen Teil von Autoren mit mehrjähriger Lehr-Erfahrung als Hochschullehrer oder AG-Leiter verfasst wurden und die

- klausurrelevante Themen *kompakt* darstellen,

- meist in 1-2 Tagen und demnach *zeitsparend* durchgearbeitet werden können,

- so *verständlich* sind, dass auch Anfänger damit regelmäßig auf Anhieb klarkommen,

- *Fallbeispiele, Übersichten* und *Schemata* enthalten,

- sehr *erschwinglich* sind (ab 7 €).

Aufgrund dieser Eigenschaften sind unsere Skripten hervorragend geeignet für den ersten, unkomplizierten Einstieg in die Materie oder für eine schnelle Wiederholung kurz vor der Prüfung. Dafür drücke ich schon jetzt ganz fest die Daumen,

Jan Niederle

▶ Unsere 📖 Skripten 📇 Karteikarten 🎧 Hörbücher (CD & MP3)

Zivilrecht

- 📖 Standardfälle für Anfänger (7,90 €)
- 📖 Grundlagen und Fälle BGB für 1. und 2. Sem. (9,90 €)
- 📖 🎧 Standardfälle BGB AT (7,90 €)
- 📖 🎧 Standardfälle Schuldrecht (7,90 €)
- 📖 🎧 Standardfälle Ges. Schuldverh., §§ 677, 812,823
- 📖 🎧 Standardfälle Sachenrecht (9,90 €)
- 📖 🎧 Standardfälle Familien- und Erbrecht (9,90 €)
- 📖 Klausuren Übung für Fortgeschrittene (7,90 €)
- 📖 🎧 Basiswissen BGB (AT) (Frage-Antwort)
- 📖 🎧 Basiswissen SchuldR (AT) 📖 🎧 SchuldR (BT) (7 €)
- 📖 🎧 Basiswissen Sachenrecht, 📖 🎧 FamR, 📖 🎧 ErbR
- 📖 Einführung in das Bürgerliche Recht (7,90 €)
- 📖 Studienbuch BGB (AT) (12 €)
- 📖 Studienbuch Schuldrecht (AT) (12 €)
- 📖 Schuldrecht (BT) 1 - §§ 437, 536, 634, 670 ff. (7,90 €)
- 📖 Schuldrecht (BT) 2 - §§ 812, 823, 765 ff. (7,90 €)
- 📖 SachenR 1 – Bewegl. S., 📖 SachenR 2 – Unb. S. (7,9 €)
- 📖 Familienrecht und 📖 Erbrecht (Einführungen) (7,90 €)
- 📖 Streitfragen Schuldrecht (7,90 €)
- 📖 🎧 Definitionen für die Zivilrechtsklausur (9,90 €)

Strafrecht

- 📖 🎧 Standardfälle für Anfänger Band 1 (9,90 €)
- 📖 Standardfälle für Anfänger Band 2 (7,90 €)
- 📖 Standardfälle für Fortgeschrittene (12 €)
- 📖 🎧 Basiswissen Strafrecht (AT) (Frage-Antwort)
- 📖 🎧 Basiswissen Strafrecht BT 1 und 📖 🎧 BT 2 (7 €)
- 📖 🎧 Strafrecht (AT) (7,90 €)
- 📖 Strafrecht (BT) 1 – Vermögensdelikte (9,90 €)
- 📖 Strafrecht (BT) 2 – Nichtvermögensdelikte (9,90 €)
- 📖 🎧 Definitionen für die Strafrechtsklausur (7,90 €)

Irrtümer und Änderungen vorbehalten!

Öffentliches Recht

- 📖 Standardfälle Staatsrecht I – StaatsorgaR (9,90 €)
- 📖 Standardfälle Staatsrecht II – Grundrechte (9,90 €)
- 📖 🎧 Standardfälle f. Anfänger (StaatsorgaR u. GRe) (7,9 €)
- 📖 Standardfälle Verwaltungsrecht (AT) (9,90 €)
- 📖 Standardfälle Polizei- und Ordnungsrecht (9,90 €)
- 📖 Standardfälle Baurecht (9,90 €)
- 📖 Standardfälle Europarecht (9,90 €)
- 📖 Standardfälle Kommunalrecht (9,90 €)
- 📖 🎧 Basiswissen StaatsR I –StaatsorgaR (Fr-Antw.) (7 €)
- 📖 🎧 Basiswissen StaatsR II –GrundR (Frage-Antw.) (7 €)
- 📖 Basiswissen VerwaltungsR AT– (Frage-Antwort) (7 €)
- 📖 Studienbuch Staatsorganisationsrecht (9,90 €)
- 📖 Studienbuch Grundrechte (9,90 €)
- 📖 Studienbuch Verwaltungsrecht AT (12 €)
- 📖 Studienbuch Europarecht (12,90 €)
- 🎧 Basiswissen Europarecht
- 📖 Staatshaftungsrecht (9,90 €)
- 📖 VerwaltungsR AT 1 – VwVfG u. 📖 AT 2–VwGO (7,90 €)
- 📖 VerwaltungsR BT 1 – POR (9,90 €)
- 📖 VerwaltungsR BT 2 – BauR 📖 BT 3 – UmweltR (9,90 €)
- 📖 🎧 Definitionen Öffentliches Recht (9,90 €)

Steuerrecht

- 📖 Abgabenordnung (AO) (9,90 €)
- 📖 Einkommensteuerrecht (EStG) (9,90 €)
- 📖 Erbschaftsteuerrecht (9,90 €)
- 📖 Steuerstrafrecht/Verfahren/Steuerhaftung (7,90 €)

Sozialrecht

- 📖 Kinder- und Jugendhilferecht (7,90 €)
- 📖 Sozialrecht (7,90 €)

Nebengebiete

- 📖 🎧 Standardfälle Handels- & GesR (9,90 €)
- 📖 🎧 Standardfälle Arbeitsrecht (9,90 €)
- 📖 Standardfälle ZPO (9,90 €)
- 📖 🎧 Basiswissen HandelsR (Frage-Antwort) (7,9 €)
- 📖 🎧 Basiswissen Gesellschaftsrecht (7,90 €)
- 📖 🎧 Basiswissen ZPO (Frage-Antwort) (7,90 €)
- 📖 🎧 Basiswissen StPO (Frage-Antwort) (7,90 €)
- 📖 Handelsrecht (9,90 €)
- 📖 Gesellschaftsrecht (9,90 €)
- 📖 Arbeitsrecht (9,90 €)
- 📖 Kollektives Arbeitsrecht (9,90 €)
- 📖 ZPO I – Erkenntnisverfahren (9,90 €)
- 📖 ZPO II – Zwangsvollstreckung (9,90 €)
- 📖 Strafprozessordnung – StPO (9,90 €)
- 📖 Einf. Internationales Privatrecht - IPR (9,90 €)
- 📖 Standardfälle IPR (9,90 €)
- 📖 Einf. Internationales Wirtschaftsrecht (9,90 €)
- 📖 Insolvenzrecht (9,90 €)
- 📖 Gewerbl. Rechtsschutz/Urheberrecht (9,90 €)
- 📖 Wettbewerbsrecht (9,90 €)
- 📖 Ratgeber 500 Spezial-Tipps für Juristen (12 €)
- 📖 Mediation (9,90 €)
- 📖 Sportrecht (9,90 €)

Karteikarten (je 9,90 €)

- 📇 Zivilrecht: BGB AT/SchuldR/Grundlagen/Schemata
- 📇 Strafrecht: AT/BT-1/BT-2/Streitfragen
- 📇 Öff. R.: StaatsorgaR/GrundR/VerwR/Schemata

Assessorexamen

- 📖 Der Aktenvortrag im Strafrecht (7,90 €)
- 📖 Der Aktenvortrag im Zivilrecht (7,90 €)
- 📖 Der Aktenvortrag im Öffentlichen Recht (7,90 €)
- 📖 Staatsanwaltl. Sitzungsdienst & Plädoyer (9,90 €)
- 📖 Die strafrechtliche Assessorklausur (7,90 €)
- 📖 Die Assessorklausur VerwR Bd. 1 (7,90 €)
- 📖 Die Assessorklausur VerwR Bd. 2 (7,90 €)
- 📖 Vertragsgestaltung in der Anwaltsstation (7 €)

Irrtümer und Änderungen vorbehalten!

BWL

- 📖 Einführung i. die Betriebswirtschaftslehre (7,90 €)
- 📖 Marketing (7 €)
- 📖 Organisationsgestaltung & -entwickl. (7,90 €)
- 📖 Fallstudien Organisationsgestaltung & -entwickl.
- 📖 Internationales Management (7 €)
- 📖 Wie gelingt meine wiss. Abschlussarbeit? (7 €)

Irrtümer und Änderungen vorbehalten!

Schemata

- 📖 Die wichtigsten Schemata-ZivR,StrafR,ÖR (12,90)
- 📖 Die wichtigsten Schemata–Nebengebiete (9,90 €)

🎧 bedeutet: auch als **Hörbuch** (CD oder MP3-Download) lieferbar!

Bei **niederle-media.de** bestellte Artikel treffen idR *nach 1-2 Werktagen* ein!

I. Grundlagen

1. Was bedeutet „Schuldrecht"?

Das Schuldrecht ist im zweiten Buch des BGB geregelt. Dieses umfasst die §§ 241 bis 853. Das Schuldrecht bestimmt privatrechtliche Beziehungen zwischen zwei oder mehreren Personen. Es regelt das Entstehen, den Inhalt, die Abwicklung sowie das Erlöschen von Schuldverhältnissen. In § 241 wird eine grundlegende Aussage für das gesamte Schuldrecht getroffen. Nach dessen Absatz 1 Satz 1 ist der Gläubiger kraft des Schuldverhältnisses „berechtigt, von dem Schuldner eine Leistung zu fordern". Ein Schuldverhältnis ist also die Beziehung von Gläubiger und Schuldner einer schuldrechtlichen Forderung.

2. Was bedeutet „Schuldrecht Allgemeiner Teil"?

Unter dem Allgemeinen Teil des Schuldrechts versteht man die Abschnitte 1-7 des zweiten Buches des BGB. Hierin sind diejenigen Vorschriften enthalten, welche für alle Schuldverhältnisse Gültigkeit haben. Dies ist nur dann nicht der Fall, wenn für das betreffende Schuldverhältnis im Besonderen Teil des Schuldrechts Sonderbestimmungen getroffen werden. Das vorliegende Skript will einen Einblick in den Allgemeinen Teil des Schuldrechts geben.

Durch das Schuldrechtsmodernisierungsgesetz (in Kraft seit 1.1.2002) hat der Allgemeine Teil des Schuldrechts zahlreiche Änderungen erfahren. So wurden das Gesetz zur Regelung des Rechts der Allgemeinen Geschäftsbedingungen (AGB-Gesetz), verschiedene Verbraucherschutz-Richtlinien der EU u.v.a. in das BGB integriert. Auch wurden bisher durch die Rechtsprechung entwickelte, nicht kodifizierte Rechtsfiguren wie die positive Vertragsverletzung (pVV) und die culpa in contrahendo (c.i.c., Verschulden bei Vertragsschluss) in Gesetzesform gebracht.

Literatur
- Kupisch: „Schuldrechtsreform und Kunst der Gesetzgebung", **NJW** 2002, S. 1401 f.
- Lorenz: „5 Jahre Schuldrecht im Spiegel der Rechtsprechung" **NJW** 2007, S. 1 f.

3. Wie ist der Allgemeine Teil des Schuldrechts aufgebaut?

Der Allgemeine Teil des Schuldrechts ist in sieben Abschnitte unterteilt. Hierin sind überwiegend Vorschriften enthalten, welche für sämtliche Schuldverhältnisse gelten. So werden u.a. der Inhalt von Schuldverhältnissen sowie deren Erlöschen geregelt. Besondere Beachtung ist dem Dritten Abschnitt (§§ 311-361) zu schenken. Darin werden ausschließlich Schuldverhältnisse aus **Verträgen** behandelt. Insbesondere der Zweite Titel dieses Abschnitts (§§ 320-327) ist sehr klausurrelevant. Dieser enthält besondere Regeln für **gegenseitige Verträge**.

4. Was bedeutet „Schuldrecht Besonderer Teil"?

Mit dem Besonderen Teil des Schuldrechts meint man den Abschnitt 8 des zweiten Buches des BGB. Hierin werden die einzelnen Schuldverhältnisse dargestellt. Zu den wichtigsten Schuldverhältnissen zählen Kauf, Miete, Werkvertrag, ungerechtfertigte Bereicherung und unerlaubte Handlung. Eine Darstellung der wichtigsten Regelungen des Besonderen Teils des Schuldrechts finden Sie im Niederle-Skript, *Basiswissen Schuldrecht BT*.

5. Welche Arten von Schuldverhältnissen kennt das BGB?

Das BGB unterscheidet zwischen vertraglichen und gesetzlichen Schuldverhältnissen. Weiterhin gibt es noch vertragsähnliche Schuldverhältnisse. Zu den vertraglichen Schuldverhältnissen gehören insbesondere Kauf, Miete und Werkvertrag. Bei den gesetzlichen Schuldverhältnissen gibt es unter anderem die ungerechtfertigte Bereicherung sowie die unerlaubte Handlung. Im vorliegenden Skript wird in erster Linie auf **vertragliche** Schuldverhältnisse eingegangen. Gesetzliche Schuldverhältnisse werden im Besonderen Teil des Schuldrechts besprochen.

6. Was ist zu beachten, wenn vertragliche und gesetzliche Schuldverhältnisse zusammentreffen?

Dies ist ein Fall der Anspruchsgrundlagenkonkurrenz. In Klausuren wird in der Regel die Erstellung eines Gutachtens von Ihnen gefordert.

Es ist daher unerlässlich, **alle** in Frage kommenden Anspruchs-grundlagen zu prüfen. Es ist hierbei aber wichtig, den in der nächsten Frage dargestellten Aufbau einzuhalten. Aufgrund des Vorrangs der Parteivereinbarung ist es wichtig, die Prüfung stets mit den vertraglichen Schuldverhältnissen zu beginnen.

7. Wie gliedern sich die Anspruchsgrundlagen im Zivil-recht?

A. Ansprüche aus einer schuldrechtlichen Sonder-verbindung

    I. Vertragliche Ansprüche
        1. Primäransprüche. Der Primäranspruch richtet sich in erster Linie auf Erfüllung des Vertrages.
        2. Sekundäransprüche
            a) Wegen Pflichtverletzung
            aa) Unmöglichkeit
            bb) Verzug
            cc) Schlechtleistung
            dd) Sonstige Pflichtverletzung, insbesondere § 282 i.V.m. § 241 Abs. 2
            b) Sonstige Störung des Schuldverhältnisses, z.B. § 313 Wegfall der Geschäftsgrundlage.
    II. Vertragsähnliche Ansprüche
        1. Geschäftsführung ohne Auftrag, §§ 677 ff. BGB
        2. Vorvertragliche Schuldverhältnisse, §§ 311 Abs. 2.

B. Ansprüche aus Gesetz

    I. Dingliche Ansprüche, z.B. § 985, EBV.
        Dingliche Rechte sind **absolute** Rechte, d.h. sie wirken gegenüber jedermann. Das ist der Unterschied zu schuld-rechtlichen Ansprüchen, welche nur zwischen den betei-ligten Parteien gelten (Relativität des Schuldverhält-nisses). Der dingliche Anspruch wirkt hingegen nur relativ (der Eigentümer kann nur vom unrechtmäßigen Besitzer die Herausgabe verlangen)
    II. Ungerechtfertigte Bereicherung, §§ 812 ff.
    III. Unerlaubte Handlung, §§ 823 ff.

Literatur
   📖 Reischl: „Grundfälle Schuldrecht", **JuS** 2003, S. 40 f.

8. Was versteht man unter einem Synallagma?

Das Synallagma bezeichnet das Gegenseitigkeitsverhältnis in einem Vertrag, bei dem die Leistung um der Gegenleistung Willen versprochen wird (Do ut des; ich gebe, damit du gibst). Die im Synallagma stehenden Pflichten sind der Kern des Vertrages.

Beispiel: Im Kaufvertrag stehen Kaufsache und Kaufpreis im Gegenseitigkeitsverhältnis. Der Verkäufer gibt die Kaufsache an den Käufer, um den Kaufpreis zu erhalten und umgekehrt.

9. Was versteht man unter „essentialia negotii"?

Der Begriff *essentialia negotii* (lat.) bezeichnet den notwendigen Mindestinhalt eines Vertrages. Über diesen müssen sich die Vertragsparteien einig sein, damit der Vertrag überhaupt zustande kommt. Was die essentialia negotii sind, hängt von dem einzelnen Vertragstypus ab. So müssen sich die Vertragspartner z.B. bei einem Kaufvertrag mindestens über die Kaufsache, die Vertragsparteien sowie deren Preis einig sein.
Im Unterschied dazu bezeichnet man die Nebenabreden in einem Vertrag als die *accidentialia negotii.*

II. Das Entstehen von Schuldverhältnissen

1. Was bedeutet Schuldverhältnis?

Nach § 241 Abs. 1 S. 1 ist ein Schuldverhältnis eine Rechtsbeziehung, kraft derer der Gläubiger berechtigt ist, vom Schuldner eine Leistung zu fordern. Das bedeutet im Umkehrschluss, dass durch ein Schuldverhältnis eine Leistungspflicht für den Schuldner entsteht. Voraussetzung ist also stets, dass mindestens zwei Personen beteiligt sind. Bei Schuldverhältnissen ist zwischen Schuldverhältnissen im engeren und im weiteren Sinne zu unterscheiden.

2. Was bedeutet Schuldverhältnis im engeren und im weiteren Sinne?

*   **Schuldverhältnis im engeren Sinne** bedeutet nur die einzelne Leistungsbeziehung (z.B. die Kaufpreiszahlung, § 433 Abs. 2) als solche. Es ist also das Recht auf eine

Leistung gemeint. Wie sich aus § 241 Abs. 1 S. 2 ergibt, kann der Gegenstand der Leistung sowohl ein positives Tun als auch ein Unterlassen sein.

- **Schuldverhältnis im weiteren Sinne** bedeutet die Gesamtheit der Rechtsbeziehungen zwischen den Parteien (z.b. der Kaufvertrag, § 433). Hieraus können sich eine ganze Reihe von Schuldverhältnissen im engeren Sinne ableiten lassen. Legen wir das Beispiel des Kaufvertrages zugrunde, so ergeben sich folgende Ansprüche:

1. **für den Käufer:** Übergabe **und** Übereignung der mangelfreien Sache (**Beachte § 433 Abs. 1 S. 2:** Die Sache muss frei von Sach- und Rechtsmängeln sein). Die Mangelfreiheit der Sache ist eine Hauptleistungspflicht.
2. **für den Verkäufer:** Zahlung des Kaufpreises **und** Abnahme der Sache.

Im Gesetz wird der Begriff meistens als Schuldverhältnis im engeren Sinne gebraucht. Anders in der Literatur. Hier meint der Begriff Schuldverhältnis i. d. R. das Schuldverhältnis im weiteren Sinne. Das Schuldverhältnis im engeren Sinne wird hier als Verbindlichkeit oder Forderung bezeichnet.

3. Was ist für das Entstehen eines Schuldverhältnisses nötig?

Ein Schuldverhältnis entsteht entweder durch Vertrag oder kraft Gesetzes. Für Schuldverhältnisse, welche nicht auf Gesetz (gesetzliche Schuldverhältnisse) beruhen, ist gem. § 311 Abs. 1 **ein Vertrag** nötig. Dies gilt sowohl für die Begründung eines solchen Schuldverhältnisses als auch für dessen Änderung. Auch muss die geschuldete Leistung bestimmt oder wenigstens bestimmbar sein.

4. Warum bedarf es eines Vertrages?

Das hängt mit dem Prinzip der Privatautonomie zusammen. Keiner Person sollen Leistungspflichten gegen ihren Willen auferlegt werden. Deshalb kann ein Schuldverhältnis nicht durch eine einseitige Maßnahme, wie etwa ein Versprechen oder einen Verzicht aufgehoben oder geändert werden.

5. Welche Ausnahmen gibt es von diesem Vertragserfordernis?

- **Gestaltungsrechte:** Durch ein solches wird einseitig auf ein Rechtsgeschäft eingewirkt. Durch ein Gestaltungsrecht wird entweder ein neues Rechtsverhältnis **begründet** (so entsteht z.B. nach einem wirksamen Rücktritt ein Rückabwicklungsschuldverhältnis, §§ 346 ff.) oder ein bestehendes Rechtsverhältnis **geändert** (durch Erklärung der Minderung reduziert sich z.B. der ursprüngliche Kaufpreis).

- **Auslobung, §§ 657 ff.:** Hier liegt das Rechtsgeschäft allein in dem einseitig vorgenommenen Versprechen einer Belohnung. Die Handlung, für welche diese ausgelobt wurde, stellt hingegen lediglich einen Realakt dar.

- **Verträge mit Drittwirkungen:** Darunter fällt z.B. die Schuldübernahme, § 414, oder der Vertrag zugunsten Dritter, § 328.

6. Was bedeutet Privatautonomie?

Bei der Privatautonomie handelt es sich um den wesentlichsten Grundsatz des Zivilrechts. Sie bedeutet das Recht eines jeden Menschen, seine eigenen Rechtsverhältnisse selbstbestimmt nach seinem eigenen Willen zu gestalten. Die Privatautonomie ist Ausfluss der allgemeinen Handlungsfreiheit (Art. 2 Abs. 1 GG) und somit grundgesetzlich verankert.

Sie geht aber noch weiter. So handelt es sich, mit Ausnahme bestimmter Schutzvorschriften, bei den Regelungen des BGB um dispositives Recht. Das bedeutet, dass die Parteien frei sind, ihre Rechtsverhältnisse nach ihrer eigenen Meinung zu gestalten. Sie sind insofern nicht an die gesetzlichen Vorgaben des BGB gebunden.

Wie alle Freiheiten findet die Privatautonomie dort ihre Grenzen, wo Rechte anderer betroffen sind. Dies ist insbesondere dann der Fall, wenn Schutzvorschriften (z.B. Verbraucherschutzbestimmungen) betroffen sind oder ein bestimmtes Rechtsverhältnis nur deshalb gewählt wird, um zwingende gesetzliche Regelungen zu umgehen.

7.   Was wird von der Privatautonomie garantiert?

- **Abschlussfreiheit:** Niemand kann gezwungen werden, mit einer anderen Person zu kontrahieren (**Ausnahme:** Kontrahierungszwang, dazu sogleich). Die Abschlussfreiheit erfährt aber zum Schutz des Handelnden oder Dritter Beschränkungen. So werden z.b. Minderjährige vor dem Abschluss rechtlich nachteiliger Verträge geschützt.

- **Gestaltungsfreiheit:** Jeder kann grds. selbst bestimmen was der Vertrag zum Inhalt haben soll (**Ausnahme:** Normen mit zwingendem Charakter, dazu sogleich).

- **Formfreiheit:** Jeder kann die Form des Vertrages grds. frei wählen (Ausnahme: Formvorschriften, dazu sogleich).

8.   Was bedeutet Kontrahierungszwang?

Der Kontrahierungszwang bedeutet, dass z.b. im Kaufrecht der Verkäufer das Angebot des Käufers auf Abschluss eines Vertrages annehmen muss. Im BGB selbst ist kein Kontrahierungszwang vorgesehen, jedoch in mehreren Spezialgesetzen.

Hierunter fallen insbesondere Verträge mit Energieversorgern, Beförderungsunternehmen und gesetzlichen Versicherungen. Ausnahmsweise kann auch aus allgemeinen Rechtsgrundsätzen ein Kontrahierungszwang hergeleitet werden. Dies ist aber nur dann der Fall, wenn es sich um Güter bzw. Dienstleistungen von lebenswichtiger Bedeutung handelt und Ausweichmöglichkeiten nicht gegeben sind (z.B. bei Unternehmen mit Monopol).

9.   Was bedeutet Gestaltungsfreiheit?

Die Parteien des Schuldverhältnisses sind grundsätzlich nicht an im Gesetz vorgegebene Vertragstypen gebunden. Sie können frei darüber entscheiden, welchen Inhalt der Vertrag haben soll. So ist es auch möglich, einen gesetzlich vorgesehenen Vertragstyp zu wählen und nur einzelne gesetzliche Regelungen abzubedingen.

10. Welchen Beschränkungen unterliegt die Gestaltungsfreiheit?

Die Gestaltungsfreiheit wird nur dann beschränkt, wenn das BGB Normen mit zwingendem Charakter vorsieht. Dies ist insbesondere dann der Fall, wenn der Vertrag gegen ein gesetzliches Verbot (§ 134) oder die guten Sitten (§ 138) verstößt. Gesetzliche Verbote sind vor allem Strafgesetze oder absolute Beschäftigungsverbote im Arbeitsrecht. Gegen die guten Sitten verstößt insbesondere ein Rechtsgeschäft, dessen Leistung und Gegenleistung in einem auffälligen Missverhältnis zueinander stehen (vgl. § 138 Abs. 2). Nähere Einzelheiten hierzu finden Sie im Niederle-Studienbuch *BGB AT*.

Besondere Bedeutung erlangen diese Beschränkungen bei für eine Vielzahl von Verträgen vorformulierten Vertragsbedingungen (Allgemeine Geschäftsbedingungen, AGB) i.S.d. §§ 305 ff. Dazu später noch ausführlich unter II. 1.

11. Welche Formvorschriften gibt es?

Die wichtigste Formvorschrift des BGB ist § 311 b Abs. 1 S. 1. Demnach bedarf ein Vertrag zur Übertragung des Eigentums an einem Grundstück der notariellen Beurkundung.

Weitere Formvorschriften finden sich in § 518 Abs. 1 S. 1 für die Schenkung, in den §§ 766, 780, 781 bezüglich Bürgschaft, Schuldversprechen und Schuldanerkenntnis, in § 1410 für den Ehevertrag sowie in § 2276 für den Erbvertrag.

12. Welche Arten von Formen kennt das BGB?

Das BGB kennt u.a. die **Schriftform**, § 126, die **elektronische Form**, § 126 a, die **Textform**, § 126 b, die **notarielle Beurkundung**, § 128 sowie die **öffentliche Beglaubigung**, § 129.

Daneben gibt es noch besondere Formarten. So bestimmen die §§ 1310, 1311, dass die Willenserklärungen zur Eheschließung persönlich und bei gleichzeitiger Anwesenheit der Eheschließenden abzugeben sind.

13. Welche Funktion haben Formvorschriften?

- **Schutzfunktion:** Bei Geschäften von großer wirtschaftlicher Bedeutung verlangt das Gesetz bestimmte Formen für Rechtsgeschäfte, um den Vertragsparteien das Risiko vor Augen zu führen, das sie mit dem Abschluss des Vertrages eingehen. Man spricht insoweit auch von der Warnfunktion.

- **Beweisfunktion:** Hier ist insbesondere die Vorschrift des § 2247 zu nennen. Danach kann ein Testament nur handschriftlich verfasst werden. Durch diese Vorschrift ist es dann in einem möglichen Prozess um das Erbe leichter, den Beweis der Erbenstellung zu führen.

- **Beratungsfunktion:** In Fällen, in denen die notarielle Form vorgeschrieben ist, steht insbesondere die Beratungsfunktion im Vordergrund, vgl. z.B. § 311 b Abs. 1 S. 1. Der Notar berät und belehrt die Erklärenden über die rechtlichen Folgen und die wirtschaftliche Bedeutung des Rechtsgeschäfts.

14. Was hat ein Verstoß gegen Formvorschriften zur Folge?

Ein Rechtsgeschäft, welches gegen die gesetzlich vorgeschriebene Form verstößt, ist grundsätzlich nichtig, § 125. Zu beachten gilt allerdings, dass es für bestimmte Formverstöße Heilungsvorschriften gibt. So besagt z.B. § 518 Abs. 2, dass ein Schenkungsvertrag, welcher gegen die in § 518 Abs. 1 vorgeschriebene Form verstößt, durch die Bewirkung der Leistung geheilt wird.

15. Welche weiteren Grundsätze kennt das Schuldrecht?

- **Relativität des Schuldverhältnisses** bedeutet, dass das Schuldverhältnis **relativ**, also nur zwischen den beteiligten Personen Wirkung entfaltet. Es bindet nur die Vertragsparteien. Das ist der Unterschied zu dinglichen Rechten. Diese sind **absolute** Rechte, d.h. sie wirken gegenüber jedermann.

- **Obligatorische Berechtigung** bedeutet, dass dem Gläubiger lediglich ein Forderungsrecht zusteht. Auch hier unterscheidet sich das Schuldrecht vom Sachenrecht. Das Sachenrecht vermittelt Herrschaftsmacht über Sachen, welche von jedem geachtet werden müssen. Das Schuldrecht berechtigt den Gläubiger hingegen nur, eine Leistung zu fordern. Er hat somit, sofern sich die Leistung auf eine Sache bezieht, nur das Recht *auf* die Sache, *nicht* das Recht *an* der Sache.

16

16. Wie unterscheiden sich Schuldverhältnis und Gefälligkeitsverhältnis?

Ein Gefälligkeitsverhältnis begründet, im Gegensatz zu einem Schuldverhältnis, keine Verpflichtung zur Vornahme einer bestimmten Handlung. Ausschlaggebendes Unterscheidungskriterium ist der Wille, sich rechtlich zu etwas zu verpflichten (Rechtsbindungswille). So begründen bloße Freundschaftsdienste (Einkauf erledigen, unentgeltliche Mitnahme im Auto) gerade keine Rechtspflicht. Die Entscheidung, ob es sich um ein Gefälligkeitsverhältnis handelt oder nicht, kann immer nur im Einzelfall erfolgen. Ein gewichtiges Indiz ist hierbei die Unentgeltlichkeit, weitere Indizien sind der Grund, der Zweck und die wirtschaftliche Bedeutung.
Bei einem reinen Gefälligkeitsverhältnis bestehen weder ein Anspruch auf Erfüllung (Primäranspruch) noch sekundäre Ansprüche (Schadensersatz etc.).

Beachte: Handelt es sich dagegen um einen Gefälligkeitsvertrag (Schenkung, Leihe, Auftrag), entstehen konkrete Pflichten für den Schuldner. Allerdings besteht die Möglichkeit von Haftungserleichterungen im Schadensfall (vgl. §§ 599, 690).

17. Welche Pflichten können sich aus einem Schuldverhältnis ergeben?

- **Primär- und Sekundärpflichten:** Die Primärpflicht besteht in erster Linie in der Erfüllung des Schuldverhältnisses, also in der Erbringung der geschuldeten Leistung. Sekundärpflichten entstehen, wenn in einem Schuldverhältnis Leistungsstörungen auftreten.

- **Leistungs- und nichtleistungsbezogene Pflichten:** Kennzeichnend für die Leistungspflichten ist, dass der Gläubiger einen Anspruch auf ihre Erfüllung hat. Sie können in einer Pflicht zum Handeln oder zum Unterlassen bestehen. Demgegenüber besteht bei nichtleistungsbezogenen Pflichten gerade kein Anspruch auf Erfüllung. Man bezeichnet sie als Schutz- und Verhaltenspflichten.

18. Wie werden die Leistungspflichten unterteilt?

Bei den Leistungspflichten unterteilt man Haupt- und Nebenleistungspflichten.

- **Hauptleistungspflichten:** Diese sind die von den Parteien bezweckten Vertragspflichten. Sie prägen das Schuldverhältnis. Bei einem gegenseitigen Vertrag stehen die Hauptleistungspflichten im Synallagma (siehe Grundlagen, Frage 6).

Beispiel: Bei einem Mietvertrag ist der Vermieter verpflichtet, dem Mieter den Gebrauch der Mietsache zu gewähren, § 535 Abs. 1 S. 1. Der Mieter hat im Gegenzug dem Vermieter die vereinbarte Miete zu entrichten, § 535 Abs. 2.

- **Nebenleistungspflichten:** Diese dienen der Vorbereitung, Durchführung und Sicherung der Hauptleistung. Nebenleistungspflichten stehen nicht im Synallagma; dennoch kann sie der Gläubiger einklagen. Ihr Umfang hängt von dem jeweiligen Schuldverhältnis ab.

Beispiel: Die Abnahmepflicht des Käufers nach § 433 Abs. 2.

Daneben gibt es nichtleistungsbezogene Nebenpflichten.

19. Welche nichtleistungsbezogenen Nebenpflichten gibt es?

Wie bereits dargestellt, besteht bei nichtleistungsbezogenen Nebenpflichten kein Anspruch auf Erfüllung. Hierbei handelt es sich um Pflichten, welche der Schuldner grundsätzlich zu beachten hat. Ihre Nichtbeachtung kann Schadensersatzansprüche auslösen. Die nichtleistungsbezogenen Nebenpflichten sind in § 241 Abs. 2 normiert. Demnach kann ein Schuldverhältnis nach seinem Inhalt jeden Teil zur Rücksicht auf die Rechte, Rechtsgüter und Interessen des anderen Teils verpflichten. Aus den einzelnen Schuldverhältnissen kann eine ganze Reihe von Pflichten nach § 241 Abs. 2 entstehen:

- **Hinweis- und Aufklärungspflichten:** Diese beinhalten die Pflicht, über die Durchführung und Erreichung des Vertragszwecks sowie über die Umstände des Vertragsschlusses aufzuklären.

- **Leistungstreuepflicht:** Die Vertragspartner dürfen den Vertragszweck nicht beeinträchtigen oder gefährden.

- **Mitwirkungspflicht:** Der Gläubiger hat die Pflicht, an der Erreichung des Leistungszwecks mitzuwirken.

- **Schutzpflichten:** Die Parteien haben bei der Erfüllung des Schuldverhältnisses darauf zu achten, nicht den Körper, das Leben, das Eigentum und die sonstigen Rechtsgüter der jeweils anderen Partei zu verletzen.

20. Was versteht man unter Obliegenheiten?

Obliegenheiten sind von den leistungs- und nichtleistungsbezogenen Pflichten zu unterscheiden. Sie stellen keine Verpflichtung gegenüber dem Vertragspartner dar; die Befolgung der Obliegenheit ist vielmehr ein Gebot des eigenen Interesses. Werden Obliegenheiten verletzt, so entsteht dem anderen Vertragspartner nicht etwa ein Schadensersatzanspruch. Es wird vielmehr die Rechtsstellung des Verletzenden geschwächt. Man kann daher die Obliegenheit als Verpflichtung gegen sich selbst bezeichnen.

Beispiel: Schadensminderungspflicht nach § 254, Anzeige nach § 377 HGB, da im Falle der Nichtanzeige die Ware als genehmigt gilt.

---

1. Vertragsgestaltung bei AGBen, §§ 305 ff.

1. Was sind allgemeine Geschäftsbedingungen?

Allgemeine Geschäftsbedingungen werden immer dann herangezogen, wenn einer der Vertragspartner nicht für jeden neuen Vertrag die Vertragsbedingungen im Einzelnen aushandeln möchte. Im modernen Massenverkehr der Geschäftswelt sind AGB ein wesentlicher Bestandteil des Vertragsschlusses. Da die AGB jeweils nur von einer Partei vorgegeben werden, war dem Gesetzgeber daran gelegen, die andere Partei zu schützen. Aus diesem Grund wurde mit den Regelungen der §§ 305 ff. eine Ausnahme von der Inhaltsfreiheit geschaffen. Damit soll ein Missbrauchsschutz vor einseitiger Vertragsgestaltung erreicht werden.

Literatur
📖 Kötz: „Der Schutzzweck der AGB Kontrolle", **JuS** 2003, S. 209 ff.

2. Auf welche Verträge sind die Regelungen der §§ 305 ff. anwendbar?

Die Regelungen der §§ 305 ff. gelten für folgende Anwendungsbereiche:

1. **Verbraucherverträge:** Kommt ein Vertrag zwischen einem Verbraucher und einem Unternehmer zustande, erstreckt sich der Schutz des AGB-Rechts nach § 310 Abs. 3 auch auf einzelvertragliche Klauseln, welche nur zur einmaligen Verwendung bestimmt sind. Entscheidend ist, dass der Verbraucher aufgrund der Vorformulierung auf den Inhalt der Vertragsbedingung keinen Einfluss nehmen konnte.

2. **Verwendung von AGBen gegenüber Unternehmern.**

3. **Allgemeiner Anwendungsbereich:** Dieser ist stark eingeschränkt. Der allgemeine Anwendungsbereich ist immer dann gegeben, wenn ein Verbraucher gegenüber einem Verbraucher AGBen verwendet.

Keine Anwendung finden die §§ 305 ff. bei Verträgen auf dem Gebiet des Erb-, Familien-, und Gesellschaftrechts sowie auf Tarifverträge, Betriebs- und Dienstvereinbarungen, § 310 Abs. 4.

3. Was ist zu beachten, wenn AGBen gegenüber einem Unternehmer verwendet werden?

Hier bestimmt § 310 Abs. 1 S. 1, dass § 305 Abs. 2 und 3 und die §§ 308, 309 nicht gelten sollen. Dadurch soll eine Erleichterung des Geschäftsverkehrs erzielt werden. Unternehmer sind weniger schützenswert als Verbraucher, da sie über mehr Geschäftserfahrung verfügen.

Zu beachten ist allerdings, dass auch bei Unternehmern die Generalklausel des § 307 Anwendung findet, § 310 Abs. 1 S. 2. Über diese können daher auch im Geschäftsverkehr unter Unternehmern die Wertungen der §§ 308, 309 zu beachten sein. Weiterhin ist auf die geltenden Gewohnheiten im Handelsverkehr Rücksicht zu nehmen.

4.   Wann sind die §§ 305 ff. anwendbar?

Die §§ 305 ff. sind immer dann anwendbar, wenn es sich bei Bestimmungen eines Vertrages/Rechtsgeschäfts um allgemeine Geschäftsbedingungen handelt. Darunter versteht man nach § 305 Abs. 1 S. 1 für eine **Vielzahl von Verträgen vorformulierte Vertragsbedingungen**. Diese müssen durch eine Vertragspartei (Legaldefinition: Verwender) der anderen Vertragspartei bei Vertragsschluss gestellt werden.

5.   Was sind Vertragsbedingungen i. S. v. § 305 Abs. 1?

Von **Vertragsbedingungen** ist immer dann zu sprechen, wenn die entsprechenden Regelungen Bestandteil des Vertrages werden sollen. Dabei gilt zu beachten, dass auch einseitige rechtsgeschäftliche Erklärungen in den Anwendungsbereich der §§ 305 ff. fallen, auch wenn diese vom Wortlaut her nur auf Verträge abzielen. Unverbindliche Hinweise, bloße Informationen oder Bitten stellen hingegen keine Vertragsbedingungen dar. Bei der Beurteilung der einzelnen Äußerungen ist stets auf den objektiven Empfängerhorizont des Durchschnittskunden abzustellen.

6.   Was bedeutet „für eine Vielzahl von Verträgen vorformuliert"?

Das Tatbestandsmerkmal **„Vielzahl von Verträgen"** zielt darauf ab, dass die Bedingung nicht nur für einen einzelnen Vertrag ausgearbeitet worden ist.

Beachte: Ausnahme für Verbraucherverträge, § 310 Abs. 3 Nr. 2.

Von einer Vielzahl ist zu sprechen, wenn die Bedingung in **drei** oder mehr Verträgen verwendet wurde. Zu beachten gilt allerdings, dass für dieses Tatbestandsmerkmal auf die **Absicht des Verwenders** abzustellen ist. Hatte dieser vor, die Bedingung für eine Vielzahl von Verträgen zu verwenden, so liegt bereits bei der erstmaligen Verwendung der Bedingung eine AGB vor.

7.   Wann sind Geschäftsbedingungen „vorformuliert"?

Vorformuliert bedeutet, dass eine Bedingung zur mehrfachen Verwendung aufgezeichnet oder sonst fixiert wird.

Ausreichend hierfür ist bereits eine Anweisung für den geschäftsinternen Gebrauch oder auch ein Speichern „im Kopf des Verwenders". Eine schriftliche Aufzeichnung der Bedingung ist hingegen nicht erforderlich.

8.   Was bedeutet „vom Verwender gestellt"?

Vom Verwender gestellt heißt, dass die Vertragsbedingungen der einen Partei einseitig von der anderen Partei auferlegt werden müssen. Das bedeutet, dass eine Partei ein konkretes Einbeziehungsangebot machen muss. Schlägt ein Dritter (z.b. Notar) die Bedingungen vor, so gelten sie nicht als vom Verwender gestellt. Dies gilt allerdings nur dann, wenn er die Vertragsbedingungen selbst entwickelt hat und nicht nur die Vorlage einer Partei verwendet.

9.   Was setzt die Geltung von AGBen in einem Vertrag noch voraus?

Die AGB müssen Vertragsbestandteil geworden sein, sie müssen also in den Vertrag einbezogen worden sein. Dies bedarf stets einer rechtsgeschäftlichen Grundlage. Eine derartige Einbeziehung kann entweder aufgrund einer Vereinbarung im Einzelfall oder aufgrund von Sonderformen der Einbeziehung (§ 305 a) erfolgen.

10.   Was setzt eine Einbeziehung von AGBen im Einzelfall voraus?

Eine Einbeziehungsvereinbarung von AGB setzt voraus:

1. Der Verwender muss die andere Partei bei Vertragsschluss ausdrücklich auf die AGB hinweisen, § 305 Abs. 2 Nr. 1 Alt. 1, es sei denn, dass eine Ausnahme nach § 305 Abs. 2 Nr. 1 Alt. 2 gegeben ist.

2. Der Vertragspartner muss nach § 305 Abs. 2 Nr. 2 in zumutbarer Weise von dem Inhalt der AGB Kenntnis nehmen können.

3. Der Vertragspartner muss mit der Geltung der AGB einverstanden sein, § 305 Abs. 2 a.E. Es kommt hierbei nicht darauf an, ob das Einverständnis ausdrücklich oder konkludent erklärt wird.

11. Wie und wann hat der Hinweis im Sinne von § 305 Abs. 2 Nr. 1 zu erfolgen?

§ 305 Abs. 2 Nr. 1 Alt. 1 bestimmt hierzu, dass der Verwender die andere Partei **bei** Vertragsschluss **ausdrücklich** auf die AGB hinweist.

Ausnahmsweise genügt nach § 305 Abs. 2 Nr. 1 Alt. 2 für den Fall, dass ein ausdrücklicher Hinweis wegen der Art des Vertragsschlusses nur unter unverhältnismäßigen Schwierigkeiten möglich ist, ein deutlich sichtbarer Aushang am Ort des Vertragsschlusses. Hierunter fallen insbesondere alle Verträge, bei denen ein Hinweis wegen des Fehlens eines persönlichen Kontakts zwischen Verwender und der anderen Partei nicht möglich ist (z.B. Beförderungsverträge, Erwerb von Waren aus Automaten). Auch gilt diese Ausnahme für den Einkauf in Kaufhäusern und Selbstbedienungsläden.

Ein Hinweis **nach Vertragsschluss** genügt grundsätzlich nicht.

12. Was ist erforderlich, damit die andere Vertragspartei gem. § 305 Abs. 2 Nr. 2 in zumutbarer Weise Kenntnis nehmen kann?

Kenntnisnahme bedeutet bei einem Vertragsschluss *unter Anwesenden*, dass der Verwender dem Vertragspartner die AGBen vorlegen muss. Jedoch genügt auch das Anbieten der Vorlage, wenn der Vertragspartner auf die Durchsicht verzichtet.

Beim Vertragsschluss *unter Abwesenden* müssen die AGBen dem Vertragspartner zugesandt werden.

Insoweit stellt die Vorlage der AGBen bei Distanzgeschäften (z.B. telefonische Bestellung bei Versandhäusern) ein Problem dar. Eine Zusendung der AGBen nach Vertragsschluss genügt nicht. Daher behelfen sich die Versandhäuser dadurch, dass sie ihre AGBen in den Bestellkatalogen abdrucken.

Klausurrelevant sind auch Vertragsschlüsse **via Internet.** Hier genügt die bloße Einblendung der AGBen nur, wenn sie dem Vertragspartner eine kritische Prüfung der Vertragsbedingungen ermöglichen. Nach BGH ZIP 2006, 2043 f. genügt für die Einbeziehung auch, wenn die AGBen über einen auf der Bestellseite des Anbieters gut sichtbaren Link aufgerufen und ausgedruckt werden können.

In zumutbarer Weise bedeutet, dass die AGBen für einen Durchschnittskunden mühelos lesbar sein müssen. Es ist also ein objektiver Maßstab heranzuziehen. Die AGBen müssen über ein Mindestmaß an Übersichtlichkeit verfügen. Auch muss der Umfang in einem gewissen Verhältnis zu der Bedeutung des Geschäfts stehen. Ein weiterer Punkt ist, dass die einzelnen Bedingungen verständlich sein müssen.

Die Überprüfung der Zumutbarkeit kann stets nur im Einzelfall erfolgen.

13. Welche Sonderformen der Einbeziehung von AGBen gibt es?

Hier sind Rahmenverträge zu nennen. In Rahmenverträgen werden von den Vertragspartnern im Voraus Vereinbarungen über die Geltung von AGBen getroffen. Rahmenverträge sind insbesondere im Geschäftsverkehr anzutreffen, wenn die Geschäftsbeziehung auf eine längere Dauer angelegt ist.

Es ist allerdings gem. § 305 Abs. 3 zu beachten, dass auch für diese Form der Einbeziehung die Erfordernisse des § 305 Abs. 2 zu beachten sind.

Darüber hinaus bestimmt § 305 a, dass AGBen in bestimmten Fällen auch dann Vertragsinhalt werden, wenn die Erfordernisse des § 305 Abs. 2 Nr. 1 und 2 nicht erfüllt sind. Dies gilt z.B. für Verträge über Telekommunikationsdienstleistungen.

14. Können einzelne Klauseln ausgeschlossen sein, obwohl sie alle vorgenannten Bedingungen erfüllen?

Ja. Das ist immer dann der Fall, wenn es sich um überraschende oder mehrdeutige Klauseln handelt, § 305 c Abs. 1. Überraschend sind Bedingungen dann, wenn sie nach den Umständen, insbesondere nach dem äußeren Erscheinungsbild des Vertrages, so ungewöhnlich sind, dass der Vertragspartner des Verwenders mit ihnen nicht zu rechnen braucht. Auch hier ist wiederum ein objektiver Maßstab heranzuziehen. Der überraschenden Bedingung muss ein Überrumpelungseffekt innewohnen.

Ob eine Bedingung überraschend/ungewöhnlich ist, ist nach den Gesamtumständen zu beurteilen.

Beispiel: Die AGB-Klausel verpflichtet den Käufer einer Bierzapfanlage zum Dauerbezug von Bier einer bestimmten Brauerei.

15. Was bedeutet „Vorrang der Individualabrede" und wie sind AGBen auszulegen?

Nach § 305 b haben individuelle Vertragsabreden Vorrang vor AGB. Der Vorrang der Individualabrede ist Ausfluss der Privatautonomie. Unter Individualabreden sind alle Bedingungen zu verstehen, die einzeln ausgehandelt worden sind.

Die Auslegung von AGBen richtet sich nach den §§ 133, 157. Hierbei kommt es auf den Empfängerhorizont des Durchschnittsempfängers an. Ergeben sich Zweifel bei der Auslegung von AGBen, so gehen diese zu Lasten des Verwenders, § 305c Abs. 2.

16. Wonach richtet sich die Inhaltskontrolle von AGBen?

Die Inhaltskontrolle von AGBen richtet sich nach den §§ 307 bis 309. Hierbei gilt es zu unterscheiden:

- **Klauselverbote ohne Wertungsmöglichkeit:** Diese sind in § 309 geregelt. Die in § 309 aufgelisteten Klauseln sind stets unwirksam, ohne dass es einer Wertung im Einzelfall bedürfte.

- **Klauselverbote mit Wertungsmöglichkeit:** Diese sind in § 308 geregelt. Für die in § 308 aufgelisteten Klauselverbote ist kennzeichnend, dass sie sich auf unbestimmte Rechtsbegriffe beziehen. Daher ist bei ihrer Bewertung immer eine Prüfung im Einzelfall nötig.

- **Generalklausel des § 307:** Diese legt grundlegende Wertmaßstäbe für die inhaltliche Kontrolle von AGBen fest. Die AGBen dürfen demnach den Vertragspartner des Verwenders nicht unangemessen benachteiligen.

Klausurhinweis: Da es sich bei § 307 um eine Generalklausel handelt, ist bei der Prüfung der Kontrolle von AGBen stets mit § 309 zu beginnen und dann mit § 308 fortzufahren. Erst danach wird der § 307 geprüft.

17. Warum bedarf es für die Inhaltskontrolle einer Generalklausel und was besagt diese?

Die §§ 308, 309 können nicht alle Vertragsbedingungen erfassen. Daher bedarf es einer Generalklausel, um den Vertragspartner des Verwenders zu schützen. Nach **§ 307 Abs. 1 S. 1** sind Vertragsbedingungen daher unwirksam, wenn der Vertragspartner durch sie entgegen Treu und Glauben unangemessen benachteiligt wird. Als Vergleichsmaßstab zur Bestimmung der Frage, wann eine Vertragsbedingung unangemessen ist, werden die Vorschriften des dispositiven Rechts, welches ohne die Bedingung gelten würde, herangezogen. Die Abweichung der Klausel vom geltenden Recht muss Nachteile von einigem Gewicht begründen. Dies ist zu bejahen, wenn der Verwender missbräuchlich eigene Interessen auf Kosten seines Vertragspartners durchzusetzen versucht.

Daneben zählt **§ 307 Abs. 2** eine Reihe von Kriterien auf, wann eine unangemessene Benachteiligung anzunehmen ist. § 307 Abs. 2 ist eine Auslegungsregel („in Zweifel").

Beachte: In der Klausur ist der Abs. 2 des § 307 vor dem Abs. 1 zu prüfen!

Maßgeblicher Zeitpunkt für die Beurteilung eines Verstoßes gegen § 307 ist stets der Zeitpunkt des Vertragsschlusses.
Im Übrigen ist **§ 306 a** zu beachten. Dieser besagt, dass die AGB-Vorschriften auch dann Anwendung finden, wenn sie durch anderweitige Gestaltung umgangen werden sollen. Hier genügt bereits eine objektive Umgehung, auf eine Umgehungsabsicht kommt es hingegen nicht an.

18. Welche Rechtsfolge ergibt sich bei unwirksamen oder nichteinbezogenen AGBen?

Dies ist in **§ 306 Abs. 1** geregelt. Demnach bleibt der Vertrag im Übrigen wirksam. § 306 stellt somit eine Ausnahme von § 139 dar. Nach § 139 ist ein teilweise nichtiges Rechtsgeschäft als Ganzes nichtig.
Verstößt nur ein Teil der Bedingung gegen ein Verbot, so kommt es darauf an, ob sie sich vom übrigen (wirksamen) Teil trennen lässt. Ist dies nicht möglich, so ist die Bedingung insgesamt nichtig. Eine geltungserhaltende Reduktion (Zurückstufen einer

Bedingung auf den gesetzlich zulässigen Umfang) lehnt die h.M. ab. Ansonsten könnte der Verwender ohne Risiko rechtswidrige Klauseln in die AGB aufnehmen, da er sicher sein könnte, dass diese im Falle eines Rechtsstreits auf das gerade noch zulässige Maß zurückgeführt würden.

Für den Fall, dass ein Vertrag wegen der Unwirksamkeit von AGB unvollständig wird, bestimmt § 306 Abs. 2 die Geltung der gesetzlichen Vorschriften.

Stellt das Festhalten an dem Vertrag ohne die unwirksame Bedingung für eine der Vertragsparteien eine unzumutbare Härte dar, so ist der Vertrag unwirksam, § 306 Abs. 3.

Literatur

📖 Schlechtriem/ Schmidt-Kessel, Schuldrecht AT, 7. Auflage 2014, Rn. 81 f., S.49 f.

📖 Looschelders, Schuldrecht AT, 12. Auflage 2014, § 18, Rn. 357.

📖 Brox/ Walker, Allgemeines Schuldrecht, 38. Auflage 2014, § 4 II, S. 37.

2. Vorvertragliche Schuldverhältnisse

1. Was sind vorvertragliche Schuldverhältnisse und wo sind sie geregelt?

Das vorvertragliche Schuldverhältnis wurde bereits vor der Einführung des § 311 Abs. 2 am 1.1.2002 von Rechtsprechung und Literatur gewohnheitsrechtlich anerkannt. Es wurde als culpa in contrahendo (c.i.c.; Verschulden bei Vertragsverhandlungen) bezeichnet. Der Grund für dessen Anerkennung lag in der Begründung eines **Vertrauensverhältnisses** zwischen den Beteiligten. Tritt jemand mit einer anderen Partei in Verhandlung, so darf jede Partei darauf vertrauen, dass der jeweils andere Teil auf seine Rechte Rücksicht nimmt.

Durch § 311 Abs. 2 wurde dieser Grundsatz in das BGB aufgenommen. Hier sind drei Fallgruppen zu unterscheiden:

1. **Aufnahme von Vertragsverhandlungen, § 311 Abs. 2 Nr. 1:** Das vorvertragliche Schuldverhältnis entsteht mit der Aufnahme von Vertragsverhandlungen und endet mit dem Abschluss des Vertrages bzw. der Einstellung der Verhandlungen. Kommt ein Vertrag zustande, gehören die vorvertraglichen Schutzpflichten zum vertraglichen Pflichtenprogramm. Passiert allerdings bereits vor Vertragsschluss eine Verletzung der Schutzpflichten, so ist auf § 311 Abs. 2 Nr. 1 abzustellen.

2. **Vertragsanbahnung, § 311 Abs. 2 Nr. 2:** In diesem Falle laufen noch keine Vertragsverhandlungen, es entsteht aber bereits die Möglichkeit der Einflussnahme auf die Rechte und Interessen des anderen Teils.

    Beispiel: Das Betreten eines Supermarktes.

3. **Ähnliche geschäftliche Kontakte, § 311 Abs. 2 Nr. 3** stellen einen Auffangtatbestand dar. Damit sind Kontakte gemeint, bei denen noch kein Vertrag angebahnt, ein solcher aber vorbereitet werden soll.

    Beispiel: Bankauskünfte bzgl. Projektfinanzierung.

Ist eine der drei Fallgruppen einschlägig, so entsteht ein Schuldverhältnis mit Neben- und Schutzpflichten nach § 241 Abs. 2.

2.   Was ist bei der Vertragsanbahnung nach § 311 Abs. 2 Nr. 2 zu beachten?

Von § 311 Abs. 2 Nr. 2 sind in erster Linie Fälle umfasst, in welchen ein potentieller Kunde das Geschäft/Büro eines Unternehmers aufsucht. § 311 Abs. 2 Nr. 2 setzt voraus, dass der Kunde die Geschäftsräume zur Anbahnung eines geschäftlichen Kontakts betritt. Eine feste Kaufabsicht ist nicht erforderlich, ein reines Informationsinteresse ist bereits ausreichend. Nicht genügend ist hingegen das Betreten der Räume, um sich vor Regen/Kälte zu schützen sowie soziale Kontakte. In der Praxis ist natürlich fraglich, wie im Nachhinein überprüft werden kann, ob nicht zumindest eine latente Kaufabsicht vorlag, oder ob sich der Kunde nur vor dem Regen schützen wollte. Einem Ladendieb wird grds. der Schutz des § 311 Abs. 2 verweigert.
Der Schutz beginnt mit dem Erreichen der Verkaufsräume (Räume, welche geschäftlichen Zwecken dienen).

3. Kann ein vorvertragliches Schuldverhältnis auch mit Dritten zustande kommen?

Ja. Dieser Fall ist in § 311 Abs. 3 geregelt. Im Regelfall kommen vorvertragliche Schuldverhältnisse zwischen Personen zustande, die Vertragspartner werden sollen. Hiervon macht § 311 Abs. 3 eine Ausnahme. Demnach entsteht ein vorvertragliches Schuldverhältnis, wenn der Dritte **in besonderem Maße Vertrauen** für sich selbst in Anspruch nimmt und dadurch die Vertragsverhandlungen oder den Vertragsabschluss **erheblich beeinflusst**.

4. Wann nimmt ein Dritter Vertrauen in besonderem Maße für sich in Anspruch?

Es geht hier in erster Linie um besonderes **persönliches Vertrauen** („für sich selbst"). Das ganze Auftreten des Dritten muss auf eine über das normale Verhandlungsvertrauen hinausgehende persönliche Gewähr für die Seriosität und die Erfüllung des Vertrages hinauslaufen. Auch muss das Auftreten des Dritten für den Willensentschluss des anderen Teils bedeutsam sein. Nicht ausreichend ist hingegen, wenn der Dritte auf eigene Sachkunde verweist oder der Wortführer bei den Verhandlungen ist.

Beispiel: Gebrauchtwagenhändler und Unternehmenssanierer: ja
Angestellte und Versicherungsvertreter: nein

Hierunter fällt auch die **Sachwalterhaftung**. Bei einem Sachwalter kann es sich um einen Sachverständigen oder eine sonstige Auskunftsperson handeln. Der Sachwalter muss erheblich zum Vertragsabschluss beigetragen haben. Der Geschäftspartner muss sich also auf seine Neutralität und Objektivität verlassen haben.

5. Wann ist § 311 Abs. 3 außerdem einschlägig?

An der Formulierung des § 311 Abs. 3 („entsteht insbesondere") kann man erkennen, dass der Gesetzgeber keine abschließende Regelung schaffen wollte. Daher ist § 311 Abs. 3 auch einschlägig, wenn der Dritte ein **eigenes wirtschaftliches Interesse** an dem Vertragsschluss hat. Er muss gleichsam – wirtschaftlich betrachtet – in eigener Sache tätig werden. Der Bejahung des eigenen wirtschaftlichen Interesses sind aber nach der Rechtsprechung enge Grenzen gesetzt. So reicht z.B. das bloße Provisionsinteresse des Vertreters am Abschluss des Vertrages nicht (mittelbares wirtschaftliches Interesse).

Beispiel: Ein Ehegatte führt das Geschäft des anderen wie sein eigenes; ein Gebrauchtwagenhändler verkauft ein in Zahlung genommenes Kfz auf eigene Rechnung.

3. Widerrufsrechte

1.   An welchen Stellen spricht das Gesetz von einem Widerruf?

Der Widerruf wird im BGB u.a. in den §§ 130 Abs. 1 S. 2, 183 genannt. Von diesem traditionellen Widerrufsbegriff des BGB ist das aufgrund europäischer Richtlinien eingeführte Institut des Widerrufs zum Schutz des Verbrauchers zu unterscheiden. Dieses hat in den §§ 312 ff. Aufnahme in das BGB gefunden. Bei dem Widerrufsrecht des Verbrauchers handelt es sich um ein besonders ausgestaltetes gesetzliches Rücktrittsrecht. Es führt zur Beseitigung bestehender Bindungen.

Aufgrund der Klausurrelevanz soll im Folgenden nur auf das Widerrufsrecht bei Verbraucherverträgen eingegangen werden.

2.   Was setzt ein Widerruf gem. § 355 voraus?

§ 355 Abs. 1 setzt ein **bereits bestehendes Widerrufsrecht** voraus. Dem Verbraucher steht gemäß § 312 g Absatz 1 bei außerhalb von Geschäftsräumen geschlossenen Verträgen und bei Fernabsatzverträgen ein Widerrufsrecht gemäß § 355 zu.

Weiterhin muss das Widerrufsrecht **fristgerecht** ausgeübt werden. Dann ist der Verbraucher an seine auf den Abschluss eines Vertrages gerichtete Willenserklärung nicht mehr gebunden. Der Widerruf als Gestaltungsrecht muss gegenüber dem Unternehmer **erklärt** werden.

Dies setzt eine einseitige empfangsbedürftige Willenserklärung voraus. Aus der Erklärung muss nach § 355 Absatz 1 der Entschluss des Verbrauchers zum Widerruf des Vertrags eindeutig hervorgehen. Der Widerruf muss keine Begründung enthalten und kann z.B. auch telefonisch erfolgen.

3. Was ist in § 355 bezüglich der Widerrufsfrist bestimmt?

Nach § 355 Abs. 1 Satz 1 muss der Widerruf innerhalb der Widerrufsfrist erklärt werden. Die Widerrufsfrist beträgt 14 Tage gemäß § 355 Absatz 2. Sie beginnt mit Vertragsschluss, soweit nichts anderes bestimmt ist.

Abweichend davon bestimmt § 356 Absatz 2 Nr. 1a), dass die Widerrufsfrist bei einem Verbrauchsgüterkauf, der nicht unter die Buchstaben b bis d des § 356 Absatz 2 fällt, beginnt, sobald der Verbraucher oder ein von ihm benannter Dritter, der nicht Frachtführer ist, die Waren erhalten hat.

4. Was passiert, wenn keine ordnungsgemäße Widerrufsbelehrung erfolgt ist?

Die Widerrufsfrist beginnt gemäß § 356 Absatz 3 nicht, bevor der Unternehmer den Verbraucher entsprechend den gesetzlichen Anforderungen unterrichtet hat. Das Widerrufs-recht erlischt aber spätestens nach zwölf Monaten und 14 Tagen, § 356 Absatz 3.

5. Welche Rechtsfolgen löst der Widerruf aus?

Dies ist in § 357 geregelt. Die empfangenen Leistungen sind spätestens nach 14 Tagen zurückzugewähren. Der Unternehmer muss grundsätzlich auch etwaige Zahlungen des Verbrauchers für die Lieferung zurückgewähren, also z.B. Portokosten.

Bei einem Verbrauchsgüterkauf kann der Unternehmer gemäß § 357 Absatz 4 die Rückzahlung verweigern, bis er die Waren zurückerhalten hat oder der Verbraucher den Nachweis erbracht hat, dass er die Waren abgesandt hat.

Der Verbraucher hat nach § 357 Absatz 7 Wertersatz für einen Wertverlust der Ware zu leisten, wenn der Wertverlust auf einen Umgang mit den Waren zurückzuführen ist, der zur Prüfung der Beschaffenheit, der Eigenschaften und der Funktionsweise der Waren nicht notwendig war und wenn der Unternehmer den Verbraucher entsprechend den gesetzlichen Vorgaben über sein Widerrufsrecht unterrichtet hat.

Ein Anspruch auf Wertersatz für gezogene Nutzungen steht dem Unternehmer demgegenüber nicht zu.

4. Verbraucherschutz bei besonderen Vertriebsformen

1. Bei welchen Vertriebsformen kommt der Verbraucherschutz zum Tragen?

Die besonderen Vertriebsformen, bei denen der Verbraucherschutz zum Tragen kommt, sind in den §§ 312 – 312k geregelt. Diese beinhalten **Haustürgeschäfte**, **Fernabsatzgeschäfte** und **Geschäfte im elektronischen Geschäftsverkehr**.

2. Was ist die Grundvoraussetzung für den Verbraucherschutz der §§ 312 ff.?

Es muss sich idR um einen **Verbrauchervertrag** handeln. Bei einem solchen stehen sich auf der einen Seite des Vertrages ein **Verbraucher** und auf der anderen Seite ein **Unternehmer** gegenüber.

3. Wie wird ein Verbraucher definiert?

Als **Verbraucher** definiert § 13 jede natürliche Person, die ein Rechtsgeschäft zu Zwecken abschließt, die überwiegend weder ihrer gewerblichen noch ihrer selbständigen beruflichen Tätigkeit zugerechnet werden können.

Somit können grds. nur **natürliche Personen** Verbraucher sein. Juristische Personen sind hingegen, auch für den Fall, dass sie keine wirtschaftlichen Zwecke verfolgen, keine Verbraucher.

Beachte: Der Verbraucherbegriff ist **situationsgebunden**. Der allgemeine berufliche Status ist ohne Belang. So ist der Rechtsanwalt, der beim Metzger Wurst für seine Familie kauft, Verbraucher. Erforderlich ist stets ein Handeln zu **privaten Zwecken**.

4. Wie wird „Unternehmer" definiert?

Die Legaldefinition des Unternehmers finden wir in § 14. Hierunter fällt jede **natürliche** oder **juristische Person** (AG, GmbH) oder rechtsfähige Personengesellschaft (OHG, KG, GbR), die beim Abschluss eines Rechtsgeschäft in Ausübung ihrer **gewerblichen** oder **selbstständigen** beruflichen Tätigkeit handelt. Gewerblich oder selbstständig beruflich tätig ist, wer am Markt planmäßig und dauerhaft **Leistungen gegen Entgelt** anbietet. Nicht erforderlich ist hingegen eine Gewinnerzielungsabsicht. Es spielt auch keine Rolle, ob es sich um eine haupt- oder nebenberufliche Tätigkeit handelt.

5. Was versteht man unter einem Haustürgeschäft?

Als „Haustürgeschäft" wurde früher ein Vertrag zwischen einem Unternehmer und einem Verbraucher bezeichnet, der eine entgeltliche Leistung zum Gegenstand hatte und zu dessen Abschluss der Verbraucher durch mündliche Verhandlungen z.B. im Bereich einer Privatwohnung bestimmt wurde. Heute spricht das Gesetz allgemein von „außerhalb von Geschäftsräumen geschlossenen Verträgen", geregelt in § 312b. Durch diese Vorschrift soll der Verbraucher vor **Überrumpelung** bei einem Vertragsschluss in bestimmten Situationen geschützt werden, indem der Verbraucher einen solchen Vertrag später in Ruhe prüfen und ggf. gemäß § 355 widerrufen kann.

6. Welches sind die besonderen Situationen des Vertragsschlusses?

„Außerhalb von Geschäftsräumen geschlossene Verträge" sind nach § 312b Absatz 1 unter anderem Verträge, die bei gleichzeitiger körperlicher Anwesenheit des Verbrauchers und des Unternehmers an einem Ort geschlossen werden, der kein Geschäftsraum des Unternehmers ist. Darunter fällt also z.B. die Privatwohnung des Verbrauchers.

§ 312 b Absatz 1 Nr. 4 erfasst die sog. „Kaffeefahrten". Es handelt sich dabei um Verträge, die auf einem Ausflug geschlossen werden, der von dem Unternehmer oder mit seiner Hilfe organisiert wurde, um beim Verbraucher für den Verkauf von Waren oder die Erbringung von Dienstleistungen zu werben und mit ihm entsprechende Verträge abzuschließen.

7. Was versteht man unter einem Fernabsatzvertrag?

Nach § 312 c Absatz 1 sind Fernabsatzverträge Verträge, bei denen der Unternehmer oder eine in seinem Namen oder Auftrag handelnde Person und der Verbraucher für die Vertragsverhandlungen und den Vertragsschluss ausschließlich Fernkommunikationsmittel verwenden, es sei denn, dass der Vertragsschluss nicht im Rahmen eines für den Fernabsatz organisierten Vertriebs- oder Dienstleistungssystems erfolgt.

8. Was sind Fernkommunikationsmittel?

Hierunter fallen nach § 312 c Abs. 2 Kommunikationsmittel, welche zur Anbahnung oder zum Abschluss eines Vertrages ohne gleichzeitige körperliche Anwesenheit der Vertragsparteien eingesetzt werden können. Exemplarisch („insbesondere") werden Briefe, Kataloge, Telefonanrufe, Telekopien, E-Mails sowie Rundfunk, Tele- und Mediendienste genannt.

9. Welche Pflichten hat der Unternehmer bei Fernabsatzverträgen zu beachten?

Nach § 312 d treffen den Unternehmer bestimmte Informationspflichten. Die Informationspflichten stellen ein zentrales Mittel zum Schutz des Verbrauchers dar. Sie sind auch deshalb von Bedeutung, weil die Widerrufsfrist nicht vor der Erfüllung der Informationspflichten beginnt, § 356 Abs. 3.

10. Bei welchen Fernabsatzverträgen besteht das Widerrufsrecht nicht?

Gemäß § 312 g Absatz 2 besteht das Widerrufsrecht, soweit die Parteien nichts anderes vereinbart haben, unter anderem **nicht** bei folgenden Verträgen:

1. Verträge zur Lieferung von Waren, die nicht vorgefertigt sind und für deren Herstellung eine individuelle Auswahl oder Bestimmung durch den Verbraucher maßgeblich ist oder die eindeutig auf die persönlichen Bedürfnisse des Verbrauchers zugeschnitten sind,

2. Verträge zur Lieferung von Waren, die schnell verderben können oder deren Verfallsdatum schnell überschritten würde,

3. Verträge zur Lieferung versiegelter Waren, die aus Gründen des Gesundheitsschutzes oder der Hygiene nicht zur Rückgabe geeignet sind, wenn ihre Versiegelung nach der Lieferung entfernt wurde,

4. Verträge zur Lieferung von Waren, wenn diese nach der Lieferung auf Grund ihrer Beschaffenheit untrennbar mit anderen Gütern vermischt wurden,

5. Verträge zur Lieferung von Ton- oder Videoaufnahmen oder Computersoftware in einer versiegelten Packung, wenn die Versiegelung nach der Lieferung entfernt wurde,

6. Verträge zur Lieferung von Zeitungen, Zeitschriften oder Illustrierten mit Ausnahme von Abonnement-Verträgen, sowie

7. Verträge zur Erbringung von Wett- und Lotteriedienstleistungen, es sei denn, dass der Verbraucher seine Vertragserklärung telefonisch abgegeben hat oder der Vertrag außerhalb von Geschäftsräumen geschlossen wurde.

11. Welche Besonderheiten sind im elektronischen Geschäftsverkehr zu beachten?

§ 312 i ist anwendbar, wenn sich ein Unternehmer zum Zweck des Abschlusses eines Vertrages über Warenlieferungen und Dienstleistungen eines Tele- oder Mediendienstes (elektronische Kommunikationsmittel, **nicht:** Brief, Telefonat) bedient. Der Vertrag wird zwischen dem Unternehmer und einem **Kunden** geschlossen. Dieser kann sowohl **Verbraucher** oder **Unternehmer** sein. Allerdings können die meisten Pflichten gegenüber einem Unternehmer abbedungen werden, § 312 i Abs. 2 S.2.

12. Kann von den Vorschriften der §§ 312 ff. abgewichen werden?

Nach **§ 312 k** kann von diesen Vorschriften **nicht zum Nachteil** des Verbrauchers abgewichen werden. Das bedeutet im Umkehrschluss, dass begünstigende Vereinbarungen wirksam sind (was in der Geschäftswelt allerdings kaum der Fall sein wird). **§ 312 k Abs. 1 S. 2** stellt klar, dass die Vorschriften auch dann gelten, wenn sie durch anderweitige Vertragsgestaltungen umgangen werden.

III. Der Inhalt von Schuldverhältnissen

1. Welche Prüfungspunkte sind beim Primäranspruch zu prüfen?

1. **Anspruch entstanden:** Die Entstehung eines Anspruchs setzt stets eine **Einigung** zwischen Anspruchssteller und Anspruchsgegner über die Vertragsbestandteile voraus.

2. **Anspruch erloschen:** Dem Anspruch dürfen keine rechtsvernichtenden Einwendungen entgegenstehen.

3. **Anspruch durchsetzbar:** Dem Anspruch dürfen keine rechtshemmenden Einreden entgegenstehen. Im Gegensatz zu den Einwendungen, welche von Amts wegen vom Gericht beachtet werden müssen, muss eine Einrede vom Anspruchsgegner erhoben werden.

2. Wie entsteht ein vertraglicher Anspruch und was kann diesem entgegenstehen?

Wie bereits dargestellt, bedarf der Vertrag zu seiner Entstehung der Einigung. Diese setzt zwei übereinstimmende Willenserklärungen (§§ 145 ff.) über die zu begründenden Pflichten voraus. Weiterhin dürfen dem Vertrag keine Nichtigkeitsgründe entgegenstehen. Nähere Einzelheiten zu Nichtigkeitsgründen, wie mangelnder Geschäftsfähigkeit (§§ 104 ff.), Verletzung von Formvorschriften (§ 125), Verbotsgesetz (§ 134), Sittenwidrigkeit

(§ 138), Anfechtung (§ 142) finden Sie im Studienbuch *BGB AT* *(niederle media)*.

3. Wodurch kann ein Anspruch erlöschen?

Rechtsvernichtende Einwendungen lassen den bereits entstandenen Anspruch erlöschen. Hierunter fallen insbesondere:

1. **Erfüllung**, § 362.
2. **Unmöglichkeit**, § 275.
3. Einseitige rechtsgestaltende Erklärung: **Aufrechnung**, § 387 ff., **Rücktritt**, § 346 oder **Widerruf**, § 355, welcher, ebenso wie der Rücktritt, entweder vertraglich oder gesetzlich begründet werden kann.
4. Bei **Störung der Geschäftsgrundlage**: Vertragsanpassung oder Rückabwicklung des Vertrages, § 313.

Daneben haben Erlöschenswirkung auch die auflösende Bedingung (§ 158), Zeitablauf (§ 163), Aufhebungsvertrag (§ 311 Abs. 1), Erlassvertrag (§ 397 Abs. 1).

4. Was kann der Durchsetzbarkeit eines Anspruchs entgegenstehen?

Der Durchsetzbarkeit des Anspruchs kann eine rechtshemmende Einrede entgegenstehen. Der Anspruch besteht dann zwar nach wie vor, er ist allerdings nicht gerichtlich durchsetzbar, da er durch die Einrede gehemmt ist. Bei diesen Einreden unterscheiden wir solche, die den Anspruch auf Dauer ausschließen (**peremptorische** Einreden) und solche, welche den Anspruch nur aufschieben (**dilatorische** Einreden). Wie bereits dargestellt, wird die Einrede nicht von Amts wegen beachtet, sie muss im Prozess **erhoben** werden. Die wichtigsten *peremptorischen* Einreden sind:

1. Verjährung, § 214.
2. Leistungsverweigerungsrecht des Käufers, § 438 Abs. 4.
3. Leistungsverweigerungsrecht des Bestellers, § 634 a Abs. 4.

Die wichtigsten *dilatorischen* Einreden sind:

1. Einrede des nicht erfüllten Vertrages, § 320.
2. Stundung (in der Regel aufgrund vertraglicher Abrede).
3. Zurückbehaltungsrechte, z.B. § 273.

Auch kann der Durchsetzbarkeit des Anspruchs die dolo-agit-Einrede (§ 242) entgegenstehen. Diese besagt, dass niemand etwas fordern kann, was er sofort wieder zurückgeben muss.

5. Wie kann man den Inhalt eines Schuldverhältnisses bestimmen?

Hierbei sind die Regelungen des allgemeinen Schuldrechts über den Inhalt von Schuldverhältnissen heranzuziehen. Die Bestimmung des Inhalts der jeweiligen Leistung ist deshalb so relevant, da eine unbestimmte Forderung gerichtlich nicht einklagbar ist. Daher muss die geschuldete Leistung bestimmt oder wenigstens bestimmbar sein.

Die Parteien können grundsätzlich **frei** über den Inhalt des Vertrags bestimmen. Das folgt aus dem Grundsatz der Privatautonomie (siehe II. Frage 3). Sofern sich der Vertragsinhalt nicht ausdrücklich aus der Vereinbarung der Parteien ergibt, müssen die Willenserklärungen, welche zum Vertragsschluss geführt haben, nach den §§ 133, 157 **ausgelegt** werden.

Ist das Ergebnis dieser Auslegung nicht eindeutig, so ist die sogenannte **ergänzende Vertragsauslegung** heranzuziehen. Ziel der ergänzenden Vertragsauslegung ist es, Lücken in den einzelnen Regelungen des Rechtsgeschäfts zu schließen. Hierzu wird an den Regelungsplan des Vertrages angeknüpft. Aus diesem werden dann, unter Berücksichtigung von Treu und Glauben sowie der Verkehrssitte, Regelungen für offen gebliebene Punkte abgeleitet.

6. Bestehen neben der freien Bestimmung des Inhalts des Schuldverhältnisses durch die Parteien noch weitere Möglichkeiten zur Bestimmung der Leistung?

Ja. Es ist den Vertragspartnern auch möglich, zu vereinbaren, dass die Leistung nur durch **eine** der Parteien, §§ 315, 316, oder durch einen **Dritten**, §§ 315 bis 319, bestimmt werden kann.

7. Was bedeutet Bestimmung der Leistung durch eine Partei?

Nach § 315 Abs. 1 können die Vertragspartner vereinbaren, dass eine der Parteien die Leistungsbestimmung treffen soll. Dadurch ist die Leistung hinreichend bestimmbar.
Voraussetzung hierfür ist zunächst einmal ein **Vertragsschluss** als solcher und eine entsprechende **Abrede** der Parteien, dass die Leistungsbestimmung durch eine der Parteien getroffen werden soll. Fehlt es an einer solchen Vereinbarung, so bestimmt § 316, dass derjenige die Leistung bestimmen kann, welcher sie zu fordern berechtigt ist. Auch dürfen die Parteien die Leistung noch **nicht bestimmt** haben. Ansonsten ist kein Raum für die Anwendung von § 315.

Liegen alle genannten Voraussetzungen vor, so ist im Zweifel anzunehmen, dass die Bestimmung gem. § 315 Abs. 1 nach **billigem Ermessen** zu treffen ist. Das billige Ermessen ist jeweils für den Einzelfall, unter Berücksichtigung der Interessen der Parteien und des in vergleichbaren Fällen Üblichen festzustellen.
Die Billigkeit ist daher so entscheidend, da sie die Voraussetzung für die Verbindlichkeit der Bestimmung ist, § 315 Abs. 3 S. 1. Ist die Billigkeit zu verneinen, so erfolgt die Bestimmung der Leistung durch Urteil, § 315 Abs. 3 S. 2 Hs. 1, dies gilt nach dessen Hs. 2 auch, wenn die Bestimmung verzögert wird.

Die Bestimmung der Leistung erfolgt gem. § 315 Abs. 2 durch **Erklärung** gegenüber dem anderen Teil. Hierbei handelt es sich um eine einseitige empfangsbedürftige und unwiderrufliche Willenserklärung. Die Möglichkeit einer Anfechtung ist allerdings gegeben.

8. Was bedeutet Bestimmung der Leistung durch einen Dritten?

Nach § 317 können die Parteien vereinbaren, dass die Leistung durch einen Dritten bestimmet werden soll. Auch hier ist die Bestimmbarkeit der Leistung gegeben. § 317 wird insbesondere dann herangezogen, wenn es für die Bestimmung der Leistung einer gewissen Sachkunde bedarf (z.B. Sachverständiger).
Die Voraussetzungen sind dieselben wie bei § 315, mit dem Unterschied, dass die Parteien vereinbaren müssen, dass die Bestimmung der Leistung durch einen Dritten erfolgen soll.

Die Bestimmung der Leistung erfolgt gem. § 318 Abs. 1 durch **Erklärung** gegenüber einem der Vertragsschließenden. Bezüglich der Anfechtbarkeit ist hier § 318 Abs. 2 S.1 zu beachten: nur die Vertragschließenden selbst, nicht aber der Dritte können anfechten. Die Anfechtung hat unverzüglich nach Kenntnis vom Anfechtungsgrund zu erfolgen (auch bei Anfechtung nach § 123 entgegen § 124).

9. Wann ist die Bestimmung des Dritten unverbindlich bzw. der Vertrag unwirksam?

Dieser Fall ist in § 319 geregelt. Hiernach sind zwei Konstellationen zu unterscheiden:

1. Soll die Entscheidung nach billigem Ermessen erfolgen und ist diese unbillig, so ist die Bestimmung der Leistung für die Vertragsschließenden **nicht verbindlich,** § 319 Abs. 1 S. 1. In diesem Fall hat die Bestimmung der Leistung durch Urteil zu erfolgen. Gleiches gilt, wenn der Dritte die Bestimmung nicht treffen kann oder will oder sie verzögert, § 319 Abs. 1 S. 2.

2. Soll der Dritte die Bestimmung nach freiem Belieben treffen, so ist der Vertrag **unwirksam**, wenn der Dritte die Bestimmung nicht treffen kann oder will oder sie verzögert, § 319 Abs. 2.

10. Was bedeutet die Vorschrift „Leistung nach Treu und Glauben", § 242?

Der Schuldner ist nach dieser Vorschrift verpflichtet, die Leistung so zu bewirken, wie Treu und Glauben mit Rücksicht auf die Verkehrssitte es erfordern. Nach seinem Wortlaut regelt § 242 nur die Art und Weise der geschuldeten Leistung. Seine Bedeutung ist jedoch weiter zu verstehen. § 242 stellt einen das **gesamte Rechtsleben** beherrschenden Grundsatz dar.

Die Begriffe Treu und Glauben verschaffen den in der Gemeinschaft herrschenden sozialethischen Vorstellungen Eingang in die Rechtsordnung. Sie verpflichten den Vertragspartner zur Rücksichtnahme auf die schutzwürdigen Interessen des anderen Teils

40

sowie zu einem aufrichtigen und loyalen Verhalten. Hiervon wird auch der Gedanke des Vertrauensschutzes mit umfasst.

§ 242 stellt eine sogenannte *Generalklausel* dar. Sie ist unbestimmt gefasst und stellt somit ein Auffangbecken dar, um für die Vielzahl der Rechtsbeziehungen des täglichen Lebens gerechte Ergebnisse zu erzielen. Zur ihrer Anwendung bedarf § 242, wie jede Generalklausel, der Konkretisierung.

11.   Welche Funktionen hat § 242?

Die Funktionen des § 242 sind vielfältig:

- Ursprünglich kam § 242 eine **Schrankenfunktion** zu. So kann ein Vertragspartner in der Ausübung seiner Rechte beschränkt werden.
- Darüber hinaus besitzt § 242 eine **Konkretisierungsfunktion** bezüglich der Art und Weise der Leistung.
- Weiterhin beinhaltet er eine **Ergänzungsfunktion**. § 242 ist Grundlage für verschiedene Nebenpflichten (z.B. Verhaltens- und Schutzpflichten).
- Ferner hat § 242 eine **Korrekturfunktion**. Rechtsverhältnisse können an veränderte Umstände angepasst werden.

12.   Was versteht man unter dem „Einwand der unzulässigen Rechtsausübung"?

Der Einwand der unzulässigen Rechtsausübung ergibt sich aus § 242. Er besagt, dass jede gegen Treu und Glauben verstoßende Rechtsausübung unzulässig ist. Dies ist immer dann der Fall, wenn ein Recht zwar formal besteht, es aber aufgrund bestimmter Umstände ausgeschlossen sein soll. Hierbei haben sich insbesondere folgende Fallgruppen herausgebildet:

1. **Rechtsmissbrauch:** Die Ausübung eines Rechts ist immer dann missbräuchlich, wenn es der Berechtigte durch ein gesetzes-, sitten- oder vertragswidriges Verhalten erworben hat.

   Beispiel: Geltendmachung einer Vertragsstrafe, wenn der Gläubiger das Verhalten des Schuldners veranlasst hat

2. **Widersprüchliches Verhalten:** Die Ausübung des Rechts steht im Widerspruch zu dem vorherigen Verhalten des Berechtigten („venire contra factum proprium").
Beispiel: Die Zusage, das vertragliche Kündigungsrecht nur aus wichtigem Grund auszuüben, führt zum Verlust des freien Kündigungsrechts.

3. **Arglistiges Verhalten:** Niemand darf etwas fordern, was er sofort wieder zurückgeben muss („dolo agit, qui petit, quod statim redditurus est").

13.   Was ist bei der Anwendung von § 242 zu beachten?

Wie bereits dargestellt, handelt es sich um eine Generalklausel. Es ist deshalb vor der Anwendung von § 242 stets zu untersuchen, ob im konkreten Einzelfall nicht spezialgesetzliche Regelungen eingreifen. § 242 ist dann insofern **subsidiär**. Bei der Anwendung von § 242 in der Klausur ist daher grundsätzlich Vorsicht geboten. Er sollte daher immer nur dann als ultima ratio herangezogen werden, wenn im konkreten Fall ein sachgerechter Interessenausgleich über andere Rechtsnormen nicht möglich erscheint.

IV. Der Gegenstand der Leistung

1.   Welche verschiedenen Arten von Leistungen gibt es?

1. **Gattungsschuld:** Die geschuldete Leistung ist nur nach allgemeinen Merkmalen bestimmt.

    Beispiel: 50 Liter bayerisches Bier.

2. **Vorratsschuld** (begrenzte Gattungsschuld): Die geschuldete Leistung wird aus einem bestimmten Lager oder aus einer bestimmten Menge entnommen.

    Beispiel: 100 kg Äpfel aus der diesjährigen Ernte des Bauern B.

3. **Stückschuld:** Die geschuldete Leistung ist nach individuellen Merkmalen konkret bestimmt.

    Beispiel: Van Gogh - Bild „Sternennacht über der Rhone".

Der Unterschied zwischen Gattungs- und Stückschuld ist, dass bei ersterer die Parteivereinbarung den Leistungsgegenstand nur nach Gattungsmerkmalen bestimmt. Für diese Festlegung der Gattung kommt es allein auf das **subjektive Verständnis** der Parteien an. I. d. R. sind Gattungsschulden auf die Leistung vertretbarer Sachen gerichtet, § 91. Demnach sind vertretbare Sachen bewegliche Sachen, die im Verkehr nach Zahl, Maß oder Gewicht bestimmt zu werden pflegen. Dies ist aber nicht immer der Fall, da für § 91 ein objektiver Maßstab gilt und für § 243 ein subjektiver. Bei unvertretbaren Sachen wird man hingegen von einer Stückschuld ausgehen können.

Literatur

📖 Georg Bitter, **ZIP** 2007, S. 1881 f., Der Nachlieferungsanspruch beim Stück-, Vorrats- und Gattungskauf in Sachmängelfällen sowie beim Untergang der Sache.

2. Welche rechtliche Bedeutung hat die Gattungsschuld?

Nach § 243 Abs. 1 hat der Schuldner einer Gattungsschuld eine Sache **mittlerer Art und Güte** zu leisten. Er kann die Sache also aus dieser Art von Sachen auswählen und ist nicht verpflichtet, eine bestimmte Sache zu liefern.

Weiterhin kann der Schuldner einer Gattungsschuld im Falle der Unmöglichkeit nur nach § 275 Abs. 2 und 3 von der Leistung frei werden. Er hat solange zu leisten, bis die Sache nicht mehr auf dem Markt erhältlich ist (im Falle einer Vorratsschuld bis der Vorrat aufgebraucht ist), erst dann greift § 275 Abs. 1, denn der Gattungsschuldner trägt das Beschaffungsrisiko.

Der Schuldner einer **Stückschuld** wird hingegen im Falle des Untergangs der Sache von der Verpflichtung der Leistung nach § 275 Abs. 1 befreit, weil es diese spezielle Sache dann nicht mehr gibt (näheres hierzu finden Sie unter Leistungsstörungen, Unmöglichkeit).

3. Wann wird eine Gattungs- zur Stückschuld?

Dies ist gem. § 243 Abs. 2 dann der Fall, wenn Schuldner einer Gattungsschuld das zur Leistung der Sache seinerseits Erforderliche getan hat. Dann beschränkt sich das Schuldverhältnis auf diese Sache. Man spricht insoweit von der **Konkretisierung** der Gattungsschuld.

Was das „Erforderliche" ist, richtet sich nach dem jeweiligen Schuldverhältnis. Hier stellt sich die Frage, ob eine Bring-, Schick- oder Holschuld (dazu sogleich) vereinbart wurde. So hat der

Schuldner bei einer Schickschuld die Sache auf den Weg zum Gläubiger zu bringen.

Zu beachten gilt, dass auch der Schuldner an die Konkretisierung gebunden ist. Er soll nicht auf Kosten des Gläubigers spekulieren können.

Literatur

    Stephan Lorenz, **ZGS** 2003, S. 421 f., Gattungsschuld, Konkretisierung und Gefahrtragung beim Verbrauchsgüterkauf nach neuem Schuldrecht.

4.   Welche Besonderheiten ergeben sich bei der Geldschuld?

Auf den ersten Blick könnte man annehmen, bei einer Geldschuld handelte es sich um eine Gattungsschuld, da die geschuldete Leistung nur nach allgemeinen Merkmalen bestimmt wird. Nach h.M. stellt sie allerdings eine **Wertverschaffungsschuld** dar. Die Geldschuld richtet sich nämlich auf die Verschaffung einer unkörperlichen, als Zahlungsmittel eingesetzten Vermögensmacht in einer bestimmten Quantität.

Eine besondere Regelung über die Leistungsgefahr trifft § 270. Demnach hat der Schuldner Geld im Zweifel auf seine Gefahr und Kosten dem Gläubiger an dessen Wohnsitz zu übermitteln. Man spricht insoweit von einer qualifizierten Schickschuld (siehe Frage 7).

Beachte: Bei einer Geldschuld kann es **keine Unmöglichkeit** geben! Der Schuldner hat für seine Leistungsfähigkeit einzustehen. Hier gilt das Prinzip der unbeschränkten Vermögenshaftung („Geld hat man zu haben").

5.   Welche Formen von Geldschulden gibt es?

Es ist zwischen drei Formen der Geldschuld zu unterscheiden:

1. **Geldbetragsschuld:** Hier ist lediglich ein bestimmter Betrag zu bezahlen. Auf den Wert des Geldes kommt es hingegen nicht an. Das Risiko der Inflation trägt der Gläubiger.

2. **Geldwertschuld:** Hier richtet sich die Schuld nach dem Wert des Gegenstands, welcher in Geld zu bezahlen ist. Daher ist die Geldwertschuld wertbeständiger als die Geldbetragsschuld.

3. **Geldsortenschuld:** Hier ist Geld einer bestimmten Sorte (z.B. Münzen) zu leisten. Für den Fall, dass die Sorte nicht mehr im Umlauf ist bestimmt § 245, dass in einer beliebigen Geldsorte geleistet werden kann.

6. Was ist der Unterschied zwischen Leistungs- und Erfolgsort?

Der **Leistungsort** ist derjenige Ort, an welchem der Schuldner die Leistung zu erbringen hat. Hiervon ist der **Erfolgsort** zu unterscheiden. Dies ist der Ort, wo der Leistungserfolg eintreten muss. Der Leistungserfolg tritt dann ein, wenn der Schuldner die Leistung erbringt, er also von seiner Verpflichtung frei wird.
Bei der Leistungshandlung geht es darum, was der Schuldner tun muss, um den Erfolg herbeizuführen. Im überwiegenden Teil der Fälle fallen beide Orte zusammen.

7. Wonach bestimmt sich, an welchem Ort die Leistung zu erfolgen hat?

Hier ist zwischen den verschiedenen Arten der Schuld zu unterscheiden:

1. **Holschuld:** Hier hat der Gläubiger die Leistung beim Schuldner abzuholen.
   Folge: Leistungs- und Erfolgsort sind beim Schuldner!

2. **Bringschuld:** Hier muss der Schuldner die Leistungshandlung am Ort des Gläubigers vornehmen.
   Folge: Leistungs- und Erfolgsort sind beim Gläubiger!

3. **Schickschuld**: Hier muss der Schuldner die Leistung dem Gläubiger zusenden.
   Folge: Leistungsort ist beim Schuldner, Erfolgsort ist beim Gläubiger!

   Beachte: Bei der Geldschuld (qualifizierte Schickschuld) trägt der Schuldner gem. § 270 auch nach dem Abschicken des Geldes die Leistungsgefahr. Diese kann allerdings nach § 300 Abs. 2 übergehen, wenn ein Fall des Gläubigerverzuges gegeben ist (vgl. Leistungsstörungen, Gläubigerverzug).

8. Wie kann der Leistungsort ermittelt werden, wenn keine ausdrückliche vertragliche Regelung getroffen wurde?

Hier kann auf § 269 Abs. 1 zurückgegriffen werden. Demnach hat die Leistung an dem Orte zu erfolgen, an dem der Schuldner zur Zeit der Entstehung des Schuldverhältnisses seinen Wohnsitz hatte. Zu beachten gilt allerdings, dass es sich bei § 269 lediglich um eine Auslegungsregel handelt. Wie sich aus seinem eindeutigen Wortlaut ergibt, haben Parteivereinbarungen grundsätzlich **Vorrang**.

9. Was ist bei den Zinsen zu beachten?

Zinsen sind das Entgelt für auf eine bestimmte Dauer zur Nutzung überlassene Geldsumme. Daneben können Zinsen auch für die Nutzung einer Sache anfallen.
Eine Zinsschuld entsteht entweder durch **vertragliche Vereinbarung** (z.B. Sparkonto bei der Bank) oder durch **Gesetz** (z.B. Verzugszinsen).
Die Höhe der Zinsen bestimmt sich nach der Parteivereinbarung (Grenze ist die Sittenwidrigkeit, § 138). Sofern kein Zinssatz vereinbart wurde, beträgt dieser 4 % pro Jahr, § 246. Dies gilt auch für die gesetzliche Zinsschuld, allerdings ist hier zu beachten, dass spezialgesetzliche Regelungen dem § 246 vorgehen.
So bestimmt § 288 den Verzugszinssatz auf 5 Prozentpunkte pro Jahr über dem Basiszinssatz. Den jeweils geltenden Basiszinssatz finden Sie in § 247 geregelt oder unter www.basiszinssatz.de.

10. Was ist unter der Leistungszeit zu verstehen?

Die Leistungszeit bezieht sich einerseits auf den Zeitpunkt, an welchem der Schuldner spätestens leisten muss (**Fälligkeit**), und andererseits auf den Zeitpunkt an welchem der Schuldner frühestens leisten darf (**Erfüllbarkeit**). Es ist bei der Leistungszeit also zu unterscheiden nach:

1. **Fälligkeit:** Nach § 271 Abs. 1 ist die Schuld im Zweifel **sofort** fällig. Dies greift allerdings dann **nicht**, wenn vertragliche Abreden oder besondere gesetzliche Vorschriften bezüglich der Erfüllbarkeit bestehen.
2. **Erfüllbarkeit:** Nach § 271 Abs. 1 ist die Schuld im Zweifel sofort erfüllbar. Auch hier gilt das bezüglich vertraglicher

Abreden und besonderen gesetzlichen Vorschriften Gesagte.

Insbesondere die Frage nach der Fälligkeit ist sehr klausurrelevant. Sie stellt sich unter anderen bei der Prüfung des Schuldnerverzuges, der Durchsetzbarkeit des Primäranspruches und eventuellen Schadensersatzansprüchen (siehe hierzu das Kapitel Leistungsstörungen).
Die Frage nach der Erfüllbarkeit wird in der Regel beim Gläubigerverzug (§§ 293 ff.) sowie bei der Aufrechnung (§§ 387 ff.) zu erörtern sein (siehe Leistungsstörungen, Gläubigerverzug; Erlöschen der Leistungspflicht, Aufrechnung).

11. Ist das Stellen einer Rechnung Voraussetzung für die Fälligkeit ?

Wie bereits dargestellt, wird die Leistungszeit im überwiegenden Teil der Fälle durch vertragliche Vereinbarung festgelegt. Umstritten ist hierbei allerdings, ob die Erteilung einer Rechnung Voraussetzung für die Fälligkeit ist. Dies wird insbesondere dann bejaht, wenn die Höhe einer Geldschuld nicht vorher durch die Parteien festgelegt wurde. Dagegen meint der BGH (BGHZ **79**, 176), das Stellen einer Rechnung sei, zumindest im Werkrecht, für die Fälligkeit ohne Bedeutung (hier wird die Vergütung mit der Abnahme fällig, § 641). Dazu führt der BGH aus, dass dem Schuldner einer noch nicht bezifferten Forderung ein Zurückbehaltungsrecht nach § 273 eingeräumt wird.

12. Was ist unter einem Fixgeschäft zu verstehen?

Unter einem Fixgeschäft ist ein Schuldverhältnis zu verstehen, welches zu einer bestimmten Zeit oder innerhalb eines bestimmten Zeitraumes abgewickelt werden soll. Hierbei ist zu unterscheiden:

1. **Absolutes Fixgeschäft:** Dieses liegt vor, wenn die Leistungszeit ein wesentlicher Bestandteil des Vertrages geworden ist und eine verspätete Leistung nach der Interessenlage des Gläubigers keine Erfüllung mehr darstellt. Die Nichteinhaltung der Leistungszeit begründet beim absoluten Fixgeschäft die Unmöglichkeit nach § 275. **Beispiel:** Bestellung eines Taxis, um einen Flug zu erreichen.

2. **Relatives Fixgeschäft:** Dieses liegt vor, wenn die Einhaltung der Leistungszeit nach der Parteivereinbarung so wesentlich ist, dass das Geschäft mit der Einhaltung des Termins „stehen und fallen" soll. Dies ist durch Auslegung gem. §§ 133, 157 zu ermitteln. Hier hat die Nichteinhaltung der Leistungszeit nicht die Unmöglichkeit zur Folge. Der Gläubiger ist aber nach Maßgabe des § 323 Abs. 2 Nr. 2 berechtigt, vom Vertrag zurückzutreten.

Beispiel: Ein Händler bestellt im Hinblick auf das nahende Oster-Geschäft Schoko-Osterhasen. Der Fabrikant liefert diese aber erst am Dienstag nach Ostern. Hier liegt ein relatives Fixgeschäft vor. Die Osterhasen kann man zwar theoretisch auch nach Ostern verkaufen, die Nachfrage dürfte aber eher gering sein.

Das Fixgeschäft ist von der bloßen kalendermäßigen Bestimmung nach § 286 Abs. 2 Nr. 1 abzugrenzen. Bei letzterem löst die Nichteinhaltung des Termins i. d. R. nur den Verzug des Schuldners aus.

13. Muss der Schuldner immer in Person leisten?

Nein. Nach § 267 kann auch ein Dritter an Stelle des Schuldners die Leistung erbringen und ihn somit von der Verbindlichkeit befreien. Einer Einwilligung durch den Schuldner bedarf es nicht, § 267 Abs. 1 S. 2. Dies gilt allerdings dann **nicht**, wenn vertragliche Abreden oder besondere gesetzliche Vorschriften bezüglich der Leistung durch den Schuldner selbst bestehen. So kann eine vertragliche Abrede zwischen den Parteien bestehen, dass der Schuldner nur in Person leisten darf.
Leistet ein Dritter, so muss er dies mit dem **erkennbaren Willen** tun, eine **fremde Schuld** zu erfüllen. Zu beachten gilt in diesem Falle allerdings, dass der Gläubiger nach § 267 Abs. 2 die Leistung ablehnen **kann**, wenn der Schuldner widerspricht. Er kann sie jedoch genauso gut auch annehmen.

14. Muss der Schuldner immer an den Gläubiger leisten?

Der Schuldner hat in der Regel an den Gläubiger zu leisten. Anders verhält es sich, wenn der Gläubiger in die Leistung an einen Dritten einwilligt, § 362 Abs. 2 i. V. m. § 185 Abs. 1, oder sie nachträglich genehmigt, § 362 Abs. 2 i. V. m. § 185 Abs. 2 S. 1.

Daneben gibt es auch noch Fälle, in welchen der Schuldner mit befreiender Wirkung an einen Dritten leistet, ohne dass eine Einwilligung oder Genehmigung vorliegt, z.B. bei einer Abtretung gem. § 407.

V. Die Verknüpfung von Leistungen

1.   Was bewirkt das allgemeine Zurückbehaltungsrecht nach §§ 273, 274?

Das Zurückbehaltungsrecht bewirkt, dass der Schuldner das Recht hat, seine Leistung zu verweigern, bis die ihm gebührende Leistung bewirkt wird, § 273 Abs. 1. Dies folgt daraus, dass derjenige treuwidrig (§ 242) handelt, der aus einem einheitlichen Schuldverhältnis die ihm gebührende Leistung fordert, ohne hierfür seine Gegenleistung zu erbringen. Hierbei spielt es keine Rolle, aus welchem Rechtsgebiet die Ansprüche stammen. Es kommen sowohl vertragliche als auch gesetzliche Ansprüche in Frage.

Bei dem Zurückbehaltungsrecht handelt es sich um eine **Einrede**. Sie muss also vom Anspruchsgegner erhoben werden (vgl. Frage 1, III).

Das Zurückbehaltungsrecht bewirkt nach § 274 gegenüber der Klage des Gläubigers, dass der Schuldner zur Erfüllung Zug um Zug zu verurteilen ist. § 273 stellt eine Einrede dar, d.h. sie muss im Prozess erhoben werden.

2.   An welche Voraussetzungen ist das allgemeine Zurückbehaltungsrecht geknüpft?

1. Wechselseitige Ansprüche.
2. Konnexität der Ansprüche.
3. Durchsetzbarkeit und Fälligkeit des Gegenanspruches.
4. Kein Ausschluss des Zurückbehaltungsrechts.

3.   Wann liegen wechselseitige Ansprüche i.S. v. § 273 Abs. 1 vor?

„Wechselseitige Ansprüche" bedeutet, dass der zurückbehaltende Schuldner zugleich Gläubiger des Gegenanspruchs und der Gläubiger des zurückbehaltenen Anspruchs zugleich Schuldner des Gegenanspruchs ist. Ein gegenseitiger Vertrag ist gerade keine Voraussetzung für § 273 (dann § 320). Ebenso wenig ist erforderlich, dass es sich um gleichartige Ansprüche (siehe Aufrechnung, S. 58) handelt.

4. Was ist mit Konnexität der Ansprüche gemeint?

Konnexität der Ansprüche bedeutet, dass Anspruch und Gegenanspruch auf demselben rechtlichen Verhältnis beruhen müssen. Dieser Begriff ist sehr weit zu verstehen. Ein inneres **zusammenhängendes Lebensverhältnis** ist ausreichend, es muss also ein natürlicher und wirtschaftlicher Zusammenhang bestehen.

Beispiel: Ansprüche aus einer ständigen Geschäftsbeziehung oder bei beiderseitigen vermögensrechtlichen Ansprüchen aus einer ehelichen Lebensgemeinschaft.

Beachte: Keine Anwendung findet § 273 bei Ansprüchen, die im Gegenseitigkeitsverhältnis aus einem Vertrag stehen. Hier geht § 320 als lex specialis vor.

5. Wann ist der Gegenanspruch durchsetzbar und fällig?

An der **Durchsetzbarkeit** fehlt es, wenn dem Gegenanspruch seinerseits eine Einrede entgegensteht. Hier ist insbesondere die Einrede der Verjährung zu nennen. Allerdings bestimmt § 215, dass die Verjährung die Geltendmachung des § 273 nicht ausschließt, wenn der Gegenanspruch in dem Zeitpunkt, zu dem erstmals die Leistung verweigert werden konnte, noch nicht verjährt war. Hierbei ist nicht erforderlich, dass der Schuldner das Zurückbehaltungsrecht vor dem Eintritt der Verjährung bereits geltend gemacht hat. Zur Bestimmung der **Fälligkeit** vgl. Frage 10, IV.

6. Wann ist das Zurückbehaltungsrecht ausgeschlossen?

Ein Ausschluss des Zurückbehaltungsrechts kann sich entweder aus **Vertrag** oder aus **Gesetz** ergeben. § 273 Abs. 1 spricht nämlich davon, dass das Zurückbehaltungsrecht nur besteht, sofern sich aus dem Schuldverhältnis nicht ein anderes ergibt.
Bei einem Ausschluss in AGB ist allerdings § 309 Nr. 2b zu beachten. Demnach ist der Ausschluss nicht wirksam, soweit der

Gegenanspruch auf demselben Vertragsverhältnis wie der Anspruch des Verwenders beruht.

Bei den gesetzlichen Ausschlussgründen sind § 175 (kein Zurückbehaltungsrecht an der Vollmachtsurkunde nach Erlöschen der Vollmacht) und §§ 570, 581, 596 Abs. 2 (kein Zurückbehaltungsrecht des Mieters oder Pächters, wenn der Vermieter oder Verpächter die Rückgabe mit Rücksicht auf die Beendigung des Vertragsverhältnisses verlangt) zu beachten.

Daneben ist das Zurückbehaltungsrecht ausgeschlossen, wenn es einen durch ein Aufrechnungsverbot (z.B. § 393) missbilligten Erfolg herbeiführen würde. Im Einzelfall kann ein Zurückbehaltungsrecht auch ausgeschlossen sein, wenn es gegen Treu und Glauben (§ 242) verstößt. Dies ist u.a. dann der Fall, wenn der Gegenanspruch im Verhältnis zum Anspruch unverhältnismäßig gering ist.

7.   Was ist bei § 273 Abs. 2 zu beachten?

§ 273 Abs. 2 ist immer dann anzuwenden, wenn die **Herausgabe eines Gegenstandes** verlangt wird. Er greift ein, wenn dem Anspruchsgegner ein **fälliger** Gegenanspruch wegen Verwendungen auf den Gegenstand oder wegen eines ihm durch diesen verursachten Schadens zusteht. Vom Gegenstandsbegriff des § 273 Abs. 2 werden nicht nur Sachen (§ 90) umfasst, sondern auch Rechte und Forderungen.

Nach § 273 Abs. 2 Hs. 2 ist das Zurückbehaltungsrecht ausgeschlossen, sofern der Gegenstand durch eine vorsätzlich begangene unerlaubte Handlung (z.B. Diebstahl, Betrug) erlangt wurde.

8.   Wann greift die Einrede des nicht erfüllten Vertrags nach § 320 ein?

1. **Anspruch aus einem gegenseitigen Vertrag.**
2. **Gegenseitigkeitsverhältnis.**
3. **Durchsetzbarkeit und Fälligkeit des Gegenanspruches.**
4. **Eigene Vertragstreue des Schuldners.**

9. Warum bedarf es einer besonderen Einrede für gegenseitige Verträge?

Bei gegenseitigen Verträgen stehen die Verpflichtungen im Synallagma (Gegenseitigkeitsverhältnis). Die jeweiligen Hauptleistungspflichten des Vertrages weisen einen besonders engen Zusammenhang auf. Daher sind die Wirkungen des § 320 stärker als die des § 273 Abs. 1. Die Leistungspflichten der Parteien sind auf den Austausch von Leistungen gerichtet. Dieser Austausch soll i. d. R. gleichzeitig erfolgen. Daher erhält der Schuldner das Recht, die eigene Leistung zurückzuhalten, bis der Gläubiger seine Leistung erbringt.
Ebenso wie § 273 stellt § 320 eine Einrede dar. Wird diese erhoben, so wird der Schuldner in einem Prozess nur zur Erfüllung Zug um Zug verurteilt, § 322.

Beachte: Schon das bloße Bestehen des Leistungsverweigerungsrechts nach § 320 schließt den Schuldnerverzug aus. Der Schuldner braucht sich in diesem Falle nicht darauf zu berufen.

10. Wann stehen Forderungen im Gegenseitigkeitsverhältnis?

Mit einem Gegenseitigkeitsverhältnis ist gemeint, dass die Forderungen, auf welche das Leistungsverweigerungsrecht gestützt wird, im Synallgma (vgl. Frage 8, I) stehen. Es müssen sich also Hauptleistungspflichten gegenüberstehen. Das Gegenseitigkeitsverhältnis bleibt auch bestehen, wenn die Gegenforderung nicht der ursprüngliche Anspruch, sondern ein Sekundäranspruch ist (z.B. § 285: Anspruch auf Herausgabe des stellvertretenden commodums).

11. Was ist bei der Durchsetzbarkeit und Fälligkeit des Gegenanspruches zu beachten?

Wie bei § 273 ist hier die Verjährung zu beachten. § 215 gilt auch für § 320. Weiterhin darf der Schuldner nach § 320 Abs. 1 S. 1 a. E. nicht vorleistungspflichtig sein. Keine Auswirkung auf die Fälligkeit der Gegenforderung hat die Tatsache, dass sich der Schuldner seinerseits im Annahmeverzug (siehe Leistungsstörungen, Gläubigerverzug) befindet.

12. Was ist mit der eigenen Vertragstreue des Schuldners gemeint?

Das Merkmal der eigenen Vertragstreue wurde von der Rechtsprechung entwickelt. Der Schuldner kann sich demnach nur auf § 320 berufen, wenn er am Vertrag festhalten will. Weiterhin darf er sich mit seiner eigenen Leistungspflicht nicht im Verzug befinden.

VI. Erlöschen der Leistungspflicht

1. Wodurch erlischt die Leistungspflicht?

In erster Linie erlischt die Leistungspflicht durch:

1. **Erfüllung**, §§ 362 ff. Diese stellt den Hauptfall des Erlöschens dar.

2. **Aufrechnung**, §§ 387 ff.

3. **Unmöglichkeit** nach § 275 (siehe VIII. Das Leistungsstörungsrecht).

4. **Rücktritt**, §§ 346 ff.

Daneben gibt es noch weitere Erlöschensgründe, welche aber weniger klausurrelevant sind. Hierunter fallen die Hinterlegung, § 372, der Selbsthilfeverkauf, § 383, der Erlass, § 397 Abs. 1, das negative Schuldanerkenntnis, § 397 Abs. 2.

2. Was bedeutet Erfüllung i. S. v. § 362?

Unter der Erfüllung versteht man das **Bewirken** der geschuldeten Leistung an den Gläubiger oder ausnahmsweise an einen Dritten, § 362 Abs. 2. Hierdurch wird das ursprüngliche Leistungsinteresse des Gläubigers befriedigt. Zu beachten gilt, dass die Leistung i. d. R. nicht bereits durch die Vornahme der Leistungshandlung bewirkt ist. Im weit überwiegenden Teil der Fälle wird nämlich ein Leistungserfolg geschuldet. Das bedeutet, dass für das Bewirken der geschuldeten Leistung allein der Eintritt des Leistungserfolges maßgeblich ist.

3.   Was versteht man unter einem leistungsberechtigten Dritten?

Wie bereits dargestellt, ist es in erster Linie Aufgabe des Schuldners, die Leistung zu bewirken (insbesondere, wenn höchstpersönliche Leistungserbringung geschuldet ist). In manchen Fällen ist aber auch die Erfüllung durch einen leistungsbereiten Dritten möglich. Hierbei ist auf die §§ 267, 268 abzustellen.

4.   Wann führt die Leistung an einen Dritten zur Erfüllung?

In § 362 Abs. 2 ist geregelt, dass auch die Leistung an einen Dritten zur Erfüllung führen kann. Voraussetzung hierfür ist allerdings, dass dieser Dritte nach § 185 mit Wirkung für den Gläubiger zur Entgegennahme der Leistung **ermächtigt** ist. Eine derartige Ermächtigung kann entweder durch Vertrag oder durch Gesetz erfolgen. Gesetzliche Ermächtigungstatbestände stellen z. B. die §§ 1074, 1282 dar.

5.   Welche Wirkung hat die Erfüllung?

Die vordergründigste Wirkung der Erfüllung ist das **Erlöschen** des Schuldverhältnisses im engeren Sinne (z.B. erlischt der Anspruch auf Kaufpreiszahlung). Die Erfüllung ist eine rechtsvernichtende Einwendung und somit von Amts wegen zu beachten.
Weiterhin hat der Schuldner einen Anspruch auf die Erteilung einer **Quittung**, § 368. Zu beachten gilt allerdings, dass eine Quittung nicht automatisch, sondern erst nach Aufforderung durch den Schuldner erteilt werden muss.

6.   Was ist zu beachten, wenn zwischen Schuldner und Gläubiger mehrere Schuldverhältnisse bestehen?

Hier können immer dann Probleme auftreten, wenn der Gläubiger aus mehreren Schuldverhältnissen gleichartige Leistungen zu fordern berechtigt ist. Sofern die erbrachte Leistung nicht ausreicht, um alle Verpflichtungen zu erfüllen, kommt es nach § 366 auf den Willen des Schuldners an. Dieser wird durch eine einseitige empfangsbedürftige Willenserklärung zum Ausdruck gebracht. Diese sog. Tilgungsbestimmung kann entweder ausdrücklich oder konkludent im Zeitpunkt der Leistung erklärt werden. Ihr Inhalt ist im Zweifel durch Auslegung (§§ 133, 157) zu ermitteln.

7. Was passiert, wenn keine Tilgungsbestimmung getroffen wurde?

Dann gilt § 366 Abs. 2. Dieser soll die Interessen und den mutmaßlichen Willen der Parteien verwirklichen und ist daher nicht anzuwenden, wenn die in ihm enthaltenen Regelungen den Parteiinteressen zuwiderlaufen.

§ 366 Abs. 2 bestimmt, dass zunächst die fällige Schuld getilgt werden soll, bei mehreren fälligen Schulden diejenige, welche dem Gläubiger die geringste Sicherheit bietet. Trifft dies auf mehrere Schulden zu, so wird zunächst auf die lästigere und dann auf die ältere Schuld abgestellt. Erst bei erneutem Gleichlauf wird jede Schuld verhältnismäßig getilgt.

8. Kann die Leistungspflicht auch erlöschen, wenn eine andere als die geschuldete Sache geleistet wird?

Ja. In § 364 ist diese sog. Leistung „an Erfüllungs statt" geregelt. Demnach erlischt das Schuldverhältnis, wenn der Gläubiger eine andere als die geschuldete Leistung „an Erfüllungs statt" annimmt. Hierzu bedarf es einer vertraglichen Vereinbarung zwischen den Parteien, dass der Schuldner eine andere Leistung erbringen darf und der Gläubiger diese auch annimmt.

Beispiel: Zahlung mittels Überweisung auf Konto des Gläubigers anstatt Barzahlung.

9. Was ist demgegenüber die Leistung erfüllungshalber?

Der Hauptunterschied zur Leistung „an Erfüllungs statt" ist, dass der Gläubiger bei der Leistung erfüllungshalber eine zusätzliche Befriedigungsmöglichkeit erhält. Durch die Annahme einer Leistung erfüllungshalber erlischt nämlich die ursprüngliche Forderung nicht. Dies ist erst der Fall, wenn sich der Gläubiger aus der erfüllungshalber angenommenen Leistung befriedigt.

Die Annahme einer Leistung erfüllungshalber verpflichtet den Gläubiger allerdings, sich vorrangig aus dieser zu befriedigen. Erst wenn ihm dies nicht mehr zumutbar ist, kann er die ursprüngliche Leistung fordern.

Beispiel: Zahlung mittels Kreditkarte anstatt Barzahlung.

10. Wie lassen sich beide Leistungsvarianten voneinander abgrenzen?

Eine Abgrenzung kann immer nur im Einzelfall durch Auslegung der jeweiligen Parteivereinbarung nach §§ 133, 157 erfolgen. Hierbei ist die Interessenlage der Parteien zu untersuchen. Es kommt entscheidend darauf an, welche der Parteien das Verwertungsrisiko tragen soll (Risiko Schuldner: erfüllungshalber; Risiko Gläubiger: „an Erfüllungs statt"). Eine gesetzliche Auslegungsregel enthält § 364 Abs. 2. Demnach ist für den Fall, dass der Schuldner dem Gläubiger gegenüber eine **neue** Verbindlichkeit übernimmt, im Zweifel *nicht* von einer Leistung „an Erfüllungs statt" auszugehen, sondern von einer Leistung erfüllungshalber.

11. Welche Rechte hat der Gläubiger, wenn der erfüllungshalber geleistet Gegenstand mangelbehaftet ist?

Dieser Fall ist in § 365 geregelt. So wird im Falle eines Sach- oder Rechtsmangels auf das Kaufrecht verwiesen. Dies soll aber nach h.M. nur für entgeltliche Verträge gelten, da die strenge Gewährleistung des Kaufrechts bei unentgeltlichen Verträgen (z.B. Schenkung) unbillig erscheint.

Auf die Leistung erfüllungshalber findet § 365 allerdings keine Anwendung (mangels Regelungslücke auch nicht analog).

12. Welche Funktion hat die Aufrechnung und was bewirkt sie?

Die Aufrechnung hat eine **Doppelfunktion**. Zum einen wird durch sie eine Verbindlichkeit des Schuldners getilgt (Tilgungsfunktion), zum anderen verschafft sie dem Schuldner die Möglichkeit, seine eigene Forderung ohne Klage und Zwangsvollstreckung unmittelbar durchzusetzen (Vollstreckungsfunktion).

Die Aufrechnung bewirkt, dass Haupt- und Gegenforderung, soweit sie sich decken, erlöschen, § 389. Sie wirkt zurück (Wirkung ex tunc) auf den Eintritt der Aufrechnungslage. Die Aufrechnung führt auch dazu, dass Ansprüche wegen Verzugs (Schadensersatz, Gefahrtragung, Verzinsung) rückwirkend entfallen.

13. **Welches sind die Voraussetzungen für eine Aufrechnung?**

Diese sind in den §§ 387 ff. geregelt. So bedarf es zu einer wirksamen Aufrechnung:

  1. Aufrechnungslage, § 387

  a) Wechselseitigkeit der Forderungen
  b) Gleichartigkeit der Forderungen
  c) Durchsetzbarkeit der Gegenforderung
  d) Wirksamkeit und Erfüllbarkeit der
  Hauptforderung

  2. Aufrechnungserklärung, § 388

  3. Kein Ausschluss der Aufrechnung, §§ 392 ff.

14. **Was bedeutet Wechselseitigkeit der Forderungen?**

Das bedeutet nach § 387, dass zwei Personen einander Leistungen schulden. Hierbei ist zwischen Haupt- und Gegenforderung zu unterscheiden. Unter der **Hauptforderung** ist die Forderung des Aufrechnungsgegners zu verstehen, die **Gegenforderung** stellt hingegen die Forderung des Aufrechnungserklärenden dar. Wichtig ist, dass die Gegenforderung dem Erklärenden selbst zusteht.

15. **Wann sind Forderungen als gleichartig i. S. v. § 387 anzusehen?**

Die in Frage stehenden Forderungen müssen ihrem Wesen nach gleichartig sein. Insoweit kann die Aufrechnung immer nur dann herangezogen werden, wenn es um Geldforderungen oder Gattungsschulden gem. § 243 (i. d. R. vertretbare Sachen i. S. v. § 91) geht. Bei einer Stückschuld ist sie hingegen ausgeschlossen. Die Aufrechnung kommt im weit überwiegenden Teil der Fälle bei Geldforderungen zum Tragen. Hierbei spielt es keine Rolle, in welcher Höhe sich die Geldforderungen gegenüberstehen. § 389 spricht insofern von „soweit sie sich decken". Auch stehen unterschiedliche Leistungsorte gem. § 391 Abs. 1 der Aufrechnung nicht entgegen (Beachte aber § 391 Abs. 2).

16. Wann ist die Gegenforderung durchsetzbar?

Die Gegenforderung muss fällig und einredefrei sein. Mit einer Forderung, der eine Einrede entgegensteht, kann nicht aufgerechnet werden, § 390.
Zum Ausschluss der Aufrechnung genügt das **bloße Bestehen** der Einrede, die Geltendmachung derselben ist gerade nicht erforderlich. Auch hier ist im Fall der Verjährung § 215 zu beachten (vgl. Frage 5, V).

Beachte: Steht beiden Parteien die Einrede nach § 320 zu, so ist die Aufrechnung trotz § 390 nicht ausgeschlossen. Die Aufrechnung wirkt dann wie eine Erfüllung Zug um Zug.

17. Was bedeutet Wirksamkeit und Erfüllbarkeit der Hauptforderung?

Eine Aufrechnungslage setzt weiter voraus, dass der Aufrechnende die Hauptforderung bewirken kann. Diese muss also wirksam und erfüllbar sein. In der Regel darf der Erklärende die Hauptforderung **sofort**, also auch vor Fälligkeit erfüllen, vgl. § 271 Abs. 2. Anders als bei der Gegenforderung ist hier die Einredefreiheit nicht erforderlich.

18. Warum bedarf es einer Aufrechnungserklärung?

Das Bestehen der Aufrechnungslage führt nicht per se zum Erlöschen der beiden Forderungen. § 388 S. 1 bestimmt, dass die Aufrechnung gegenüber dem anderen Teil erklärt werden muss. Es handelt sich hierbei um eine einseitige empfangsbedürftige Willenserklärung. Auf sie sind die §§ 104 ff anwendbar. Da die Aufrechnungserklärung keinen lediglich rechtlichen Vorteil nach § 107 darstellt (da auch die eigene Forderung erlischt), bedarf die Erklärung eines beschränkt Geschäftsfähigen der Zustimmung des gesetzlichen Vertreters.
Die Aufrechnungserklärung ist als Ausübung eines Gestaltungsrechts unwiderruflich und bedingungsfeindlich, § 388 S. 2.

19. Wann ist die Aufrechnung ausgeschlossen?

Die Aufrechnung kann **durch Gesetz** oder **Vertrag** ausgeschlossen sein.

Gesetzliche Aufrechnungsverbote finden sich insbesondere in den §§ 390-395:

- **§ 393** bestimmt, dass eine Aufrechnung gegen eine Forderung aus einer vorsätzlich begangenen **unerlaubten Handlung** nicht zulässig ist. Wer einen anderen schädigt, soll nicht in den Genuss einer Aufrechnungsmöglichkeit kommen.

- Nach **§ 394** kann nicht gegen **unpfändbare Forderungen** aufgerechnet werden. Was unpfändbare Forderungen sind, richtet sich nach den §§ 850 ff. ZPO. Demnach sind Forderungen unpfändbar, wenn sie nicht abtretbar sind, § 851 ZPO, § 399. Hier soll der Gläubiger einer unpfändbaren Forderung (z.B. Lohnanspruch des Arbeitnehmers) davor geschützt werden, dass ihm durch eine Aufrechnung seitens des Schuldners (hier: Arbeitgeber) die Lebensgrundlage entzogen wird.

20.   Was ist bei einem vertraglichen Aufrechnungsausschluss zu beachten?

Der vertragliche Aufrechnungsausschluss kann sowohl ausdrücklich als auch stillschweigend vereinbart werden. Von letzterem ist insbesondere bei Handelsklauseln (z.B. „netto Kasse gegen Rechnung und Verladepapiere") auszugehen.
Sind Leistungszeit und Leistungsort vertraglich vereinbart, ist nach der Auslegungsregel des § 391 Abs. 2 im Zweifel anzunehmen, dass gegen die Forderung, für die ein anderer Leistungsort vereinbart wurde, ein Aufrechnungsausschluss bestehen soll.

Bei einem Aufrechnungsausschluss in AGB ist **§ 309 Nr. 3** zu beachten. Demnach ist der Ausschluss nicht wirksam, soweit dem Vertragspartner des Verwenders dadurch die Befugnis genommen wird, mit einer **unbestrittenen oder rechtskräftig festgestellten Forderung** aufzurechnen. Nach BGH WM 1985, 684 ist ein derartiger Ausschluss selbst bei einer Individualvereinbarung ausgeschlossen.

Literatur
📖 Medicus, Schuldrecht I , 19. Auflage 2010, § 26, S. 103 f., Rn. 262 f.
📖 Schlechtriem/ Schmidt-Kessel, Schuldrecht AT, 7. Auflage 2014, S. 189 f., Rn. 372 f.
📖 Looschelders, Schuldrecht AT, 12. Auflage 2014, § 20, Rn. 412.
📖 Brox/ Walker, Allgemeines Schuldrecht, 38. Auflage 2014, § 16.

21. Was ist unter einem Rücktritt zu verstehen und welche Wirkung hat er auf das Schuldverhältnis?

Rücktritt ist das Rückgängigmachen eines Schuldverhältnisses durch eine einseitige empfangsbedürftige Willenserklärung (**Rücktrittserklärung**, § 349). Ein **Rücktrittsrecht** kann sich entweder aus Vertrag oder aus Gesetz (z.B. §§ 313 Abs. 3, 323, 326 V, 437 Nr. 2) ergeben.

Durch den Rücktritt verwandelt sich das Schuldverhältnis in ein **Rückgewährschuldverhältnis.** So werden durch den Rücktritt beide Parteien von ihrer primären Leistungspflicht befreit, gleichzeitig werden sie aber auch verpflichtet, einander empfangene Leistungen zurückzugewähren, § 346 Abs. 1.

Literatur

📕   Schwab/Wippler (Klausur): „Recht der Rücktrittsfolgen",
JuS 2004, S. 404f.

📕   Arnold: „Rücktrittsfolgen" **JURA** 2002, S. 155f.

22. Welche weiteren Rechtsfolgen ergeben sich bei der Ausübung des Rücktrittsrechts?

Neben der **Rückgewähr** der empfangenen **Leistungen** sind die gezogenen Nutzungen **herauszugeben**, § 346 Abs. 1. Unter Nutzungen sind gem. § 100 Früchte und Gebrauchsvorteile zu verstehen. Verletzt der Schuldner diese Pflicht, so kann der Gläubiger Schadensersatz (§§ 280 bis 283) verlangen, § 346 Abs. 1.

23. Wann muss der Schuldner Wertersatz leisten?

Dieser Fall ist in **§ 346 Abs. 2** geregelt. Nach dessen **Nr. 1** ist Wertersatz zu leisten, wenn die Leistung oder Nutzung nicht rückgewähr- oder herausgabefähig ist. Hierunter fallen insbesondere Dienstleistungen und unkörperliche Leistungen (Kino, Theater). Dasselbe gilt nach **Nr. 2**, wenn der empfangene Gegenstand verbraucht, veräußert, belastet, verarbeitet oder umgestaltet wurde. Schließlich statuiert **Nr. 3** eine Wertersatzpflicht, wenn sich der empfangene Gegenstand verschlechtert hat oder untergegangen ist. Von einer Verschlechterung ist bei jeder nachteiligen Veränderung der Substanz oder der Funktionstauglichkeit der Sache auszugehen.

Beachte: Die Verschlechterung bleibt außer Betracht, wenn sie durch bestimmungsgemäße Ingebrauchnahme entstanden ist, § 346 Abs. 2 S. 1 Nr. 3 Hs. 2.

24. Wann entfällt der Wertersatz nach § 346 Abs. 2?

Nach **§ 346 Abs. 3 Nr.** 1 entfällt die Pflicht zum Wertersatz, wenn sich der zum Rücktritt berechtigende Mangel erst während der Verarbeitung oder Umgestaltung des Gegenstandes gezeigt hat. Nach dessen **Nr.** 2 gilt dies auch für den Fall, dass der Gläubiger die Unmöglichkeit zu vertreten hat oder dass der Schaden bei ihm gleichfalls eingetreten wäre.

Eine Besonderheit gilt nach **Nr. 3**, wenn ein gesetzliches Rücktrittsrecht gegeben ist. Demnach entfällt die Wertersatzpflicht im Falle der Unmöglichkeit, wenn diese beim Rücktrittsberechtigten eingetreten ist, obwohl er die eigenübliche Sorgfalt beachtet hat. Hierbei ist nicht auf die eigenübliche Sorgfalt nach § 277 abzustellen, sondern auf das „Verschulden gegen sich selbst" nach § 254 (Außerachtlassung der Sorgfalt, die nach Lage der Dinge erforderlich erscheint, um sich selbst vor Schaden zu bewahren).

25. Kann der Schuldner auch zum Wertersatz für Nutzungen verpflichtet sein, obwohl er keine Nutzungen gezogen hat?

Ja. Dieser Fall ist in § 347 Abs. 1 S. 1 geregelt. Demnach muss der Schuldner, welcher Nutzungen entgegen der Regeln einer ordnungsgemäßen Wirtschaft, trotz Möglichkeit, nicht gezogen hat, Wertersatz leisten. Es ist der objektive Wert zu ersetzen. Unter Nutzungen fallen auch Zinsen.

Im Gegenzug dazu muss ihm der Gläubiger aber die notwendigen Verwendungen ersetzen, wenn er die Sache zurückgibt oder Wertersatz leistet, § 347 Abs. 2 S. 1.

Literatur
📖 Medicus, Schuldrecht I , 19. Auflage 2010, § 47, S. 195 f., Rn. 535 f.
📖 Schlechtriem/ Schmidt-Kessel, Schuldrecht AT, 7. Auflage 2014, S. 205 f., Rn. 417 f. ; S. 241 f., Rn. 505 f.
📖 Looschelders, Schuldrecht AT, 12. Auflage 2014, Rn. 692 f.; Rn. 826 f.

VII. Die Verantwortlichkeit des Schuldners

1. Was bedeutet „Verschulden" und wo ist es geregelt?

Mit Verschulden meint man das objektiv pflichtwidrige und subjektiv vorwerfbare Verhalten einer schuldfähigen Person. Das Verschulden ist im Schuldrecht vielfach die Voraussetzung für einen Schadensersatzanspruch (z.b. § 280 Abs. 1 S. 2, § 823). Die §§ 276, 277 sprechen von der Verantwortlichkeit für *eigenes* Verschulden, der § 278 von der Verantwortlichkeit für *fremdes* Verschulden.

2. Was bedeutet Haftung für eigenes Verschulden?

§ 276 Abs. 1 S. 1 bestimmt, dass der Schuldner **Vorsatz** und **Fahrlässigkeit** zu vertreten hat. Voraussetzung für das Verschulden ist die **Rechtswidrigkeit / Pflichtwidrigkeit.**

Die Rechtswidrigkeit ist immer dann zu bejahen, wenn ein Rechtsgut oder ein fremdes Recht verletzt wird und keine Rechtfertigungsgründe hierfür eingreifen. Im Leistungsstörungsrecht ist **rechtswidrig gleichbedeutend mit pflichtwidrig.** Die Pflichtwidrigkeit der Handlung ergibt sich i. d. R. aus dem objektiven Verstoß gegen eine Pflicht aus dem Schuldverhältnis. Sie ist, ebenso wie die Rechtswidrigkeit, stets erfolgsbezogen.

Weiterhin muss die **Verschuldensfähigkeit** des Handelnden gegeben sein. Bei der Verschuldensfähigkeit sind gem. § 276 Abs. 1 S. 2 die §§ 827, 828 entsprechend anwendbar.

Nach § 828 Abs. 1 sind alle Personen vor Vollendung des siebten Lebensjahres verschuldensunfähig. Wer das siebte, aber noch nicht das 18. Lebensjahr vollendet hat, ist für einen Schaden nicht verantwortlich, wenn die zur Erkenntnis der Verantwortlichkeit geforderte Einsicht gefehlt hat, § 828 Abs. 3. Einen Sonderfall regelt § 828 Abs. 2. Demnach ist, wer das siebte, aber noch nicht das zehnte Lebensjahr vollendet hat, für einen Schaden bei einem Verkehrsunfall nicht verantwortlich.

Weiterhin nicht verschuldensfähig ist nach § 827 S. 1, wer sich im Zustand der Bewusstlosigkeit oder aufgrund krankhafter Störung der Geistestätigkeit in einem die freie Willensbestimmung ausschließenden Zustand befindet.

3. Was versteht man unter Vorsatz?

Unter Vorsatz ist das Wissen und Wollen der Rechts- und Pflichtwidrigkeit zu verstehen. Der Handelnde muss also die haftungsbegründenden Umstände kennen und trotzdem seine Handlung
wollen.
Beim Vorsatz sind direkter und bedingter Vorsatz zu unterscheiden. Bei ersterem sieht der Handelnde den Erfolg als Konse-
quenz seines Handelns und handelt trotzdem. Bei letzerem wird
der Erfolg nur als möglich erachtet und für den Fall des Eintritts in
Kauf genommen. Vom bedingten Vorsatz ist die bewusste
Fahrlässigkeit abzugrenzen. Hier vertraut der Handelnde darauf,
dass der als möglich erkannte Erfolg schon nicht eintreten werde.

4. Was versteht man unter Fahrlässigkeit?

Dies ist in § 276 Abs. 2 geregelt. Demnach handelt fahrlässig, wer
die im Verkehr erforderliche Sorgfalt außer Acht lässt. Der
Gesetzgeber hat sich für einen **objektiven Fahrlässigkeits-
maßstab** entschieden. Es kommt nicht darauf an, ob der Einzelne
individuell zur Voraussicht und Vermeidung des missbilligten
Erfolgs in der Lage war. Maßgeblicher Standard für die zu
stellenden Sorgfaltsanforderungen sind die im Verkehr verlangten
Fähigkeiten. Man betrachtet also die durchschnittlich von einer
Person des Verkehrskreises (ordnungsgemäßer Kraftfahrer, Kauf-
mann etc.) und der Altersgruppe (Kinder, Jugendliche, Erwachs-
ene) des Handelnden zu fordernde Sorgfalt.

5. Was ist in § 276 Abs. 1 S. 1 mit der Übernahme einer Garantie und dem Beschaffungsrisiko gemeint?

Mit der **Übernahme einer Garantie** meint man i. d. R. Eigen-
schaftszusicherungen bei sich auf eine Sache beziehenden
Verträgen. Der Inhalt der Garantie ist stets durch Auslegung
(§§ 133,157) zu ermitteln. Eine Garantie lässt die gesetzlichen
Rechte des Gläubigers unberührt. Sie kann ausdrücklich oder
stillschweigend übernommen werden. Bei einer Garantie haftet der
Garantiegeber bei Fehlen der zugesicherten Eigenschaft **verschuldensunabhängig**.

Ein **Beschaffungsrisiko** kann dann gegeben sein, wenn sich der
Schuldner zur Lieferung einer noch zu beschaffenden Sache

verpflichtet hat. Ob ein Beschaffungsrisiko vorliegt, ist nach den Umständen des Einzelfalles zu beurteilen. Von einem Beschaffungsrisiko ist i. d. R. bei Geldschulden und Gattungsschulden auszugehen. Der Schuldner kann aber auch für eine Stückschuld ein Beschaffungsrisiko übernehmen. Auch hier ist die Haftung im Falle des Nichtbeschaffens **verschuldensunabhängig**.

6. Was versteht man unter der Sorgfalt in eigenen Angelegenheiten?

Die Sorgfalt in eigenen Angelegenheiten ist in § 277 geregelt. Demnach haftet derjenige, der für die Sorgfalt, die er in eigenen Angelegenheiten anzuwenden pflegt, einzustehen hat, nur für **Vorsatz** und **grobe Fahrlässigkeit**. Unter grober Fahrlässigkeit versteht man die Verletzung der erforderlichen Sorgfalt in besonders schwerem Maße. Dies ist immer dann der Fall, wenn selbst einfachste Überlegungen nicht angestellt wurden und nicht beachtet wurde, was im jeweiligen Fall jedem einleuchten musste.

7. Was bedeutet Haftung für fremdes Verschulden?

In § 278 ist die Verantwortlichkeit des Schuldners für Dritte geregelt. Die Voraussetzungen hierfür sind:

1. **Sonderverbindung**: Hierunter sind sowohl vertragliche als auch gesetzliche Schuldverhältnisse zu verstehen. § 278 gilt allerdings nur für bereits bestehende Schuldverhältnisse. Keine Anwendung findet § 278 auf § 823, da in letzterem Fall die Sonderverbindung erst durch die unerlaubte Handlung entsteht.

2. **Erfüllungsgehilfe** oder **gesetzlicher Vertreter**: Erfüllungsgehilfe ist, wer mit dem Willen des Schuldners in dessen Pflichtenkreis als Hilfsperson tätig wird. Gesetzliche Vertreter sind z.B. die Eltern gem. § 1629 Abs. 1 oder der Vormund gem. § 1793.

3. **Tätigwerden zur Erfüllung einer Verbindlichkeit**: Das Fehlverhalten muss **bei** der Erfüllungshandlung stattgefunden haben und nicht nur bei Gelegenheit. Hier muss i. d. R. ein innerer Zusammenhang zwischen dem Schuldverhältnis und der Pflichtverletzung bestehen.

4. **Verschulden der Hilfsperson**: Hier ist danach zu fragen, ob die Handlung der Hilfsperson als pflichtwidrig und schuldhaft anzusehen wäre, wenn sie der Schuldner selbst vorgenommen hätte.

Im Gegensatz dazu ist die Haftung für den Verrichtungsgehilfen nach § 831 eine Haftung für **eigenes** Verschulden. Hier wird das Verschulden des Geschäftsherrn bei der unsorgfältigen Auswahl oder der mangelhaften Beaufsichtigung des Verrichtungsgehilfen sanktioniert.

Literatur

📖 Lorenz: Vertretenmüssen, § 276 BGB, **JuS** 2007, S. 611 ff.

VIII. Das Leistungsstörungsrecht

Als Leistungsstörung bezeichnet man das Ausbleiben der Erfüllung oder ihrer Surrogate. Es sind also Hindernisse gegeben, welche einer ordnungsgemäßen Abwicklung des Schuldverhältnisses entgegenstehen. Von Leistungsstörungen können sowohl vertragliche als auch gesetzliche Schuldverhältnisse betroffen sein. Im Leistungsstörungsrecht wird zwischen den folgenden Arten des Ausbleibens der Erfüllung unterschieden:

1. **Unmöglichkeit der Leistung**, § 275.

2. **Schuldnerverzug**, §§ 286 bis 290, 320 bis 323.

3. **Schlechtleistung**, §§ 280, 281, 323.

4. **Nebenpflichtverletzung**, §§ 280, 282, 324.

5. **Annahmeverzug**, §§ 293 ff.

6. **Störung der Geschäftsgrundlage**, § 313.

Anspruchsgrundlage für **alle Ansprüche** aus Leistungsstörungen (mit Ausnahme von § 311 a, § 313) ist **§ 280 Abs. 1**. Dieser stellt die **zentrale Haftungsnorm** dar. § 280 erfüllt eine Doppelfunktion: Handelt es sich um einen sog. einfachen Schadensersatz wegen Pflichtverletzung, ist er die einzige Anspruchsgrundlage. Handelt es sich um Schadensersatz statt der Leistung oder wegen Verzögerung, so muss § 280 zusammen mit § 281 bzw. mit § 286 geprüft werden. § 280 hat weiterhin auch eine **Wegweiserfunktion.**
Beachte: § 280 ist nur dann direkt anwendbar, wenn Verträge ohne eine besondere Mängelhaftung ausgestaltet sind. So verweisen z.B. im Kauf- und Werkrecht die §§ 437 Nr. 3, 634 Nr. 4 auf § 280. **Vor Gefahrübergang** ist § 280 aber auch bei Kauf- und Werkverträgen direkt anwendbar.

Die einheitliche, für alle Leistungsstörungen geltende Voraussetzung im Haftungstatbestand ist die **Pflichtverletzung.** In ihr sind alle Leistungsstörungen zusammengefasst, ohne, dass es einer Differenzierung zwischen den einzelnen Arten von Leistungsstörungen bedarf. Mit Pflichtverletzung ist ein objektiv nicht dem Schuldverhältnis entsprechendes Verhalten des Schuldners gemeint.

Weiterhin bestimmt § 280 Abs. 1 S. 2, dass der Schuldner die Pflichtverletzung **zu vertreten** haben muss. Zur Bejahung der Verantwortlichkeit des Schuldners müssen die §§ 276 ff. herangezogen werden. Der Schuldner muss beweisen, dass ihn kein Verschulden trifft.

1. Die Unmöglichkeit

1. Welche Arten der Unmöglichkeit können unterschieden werden?

Bei der Unmöglichkeit ist zwischen der **objektiven** und der **subjektiven** Unmöglichkeit zu unterscheiden. In ersterem Fall kann die Leistung von niemandem erbracht werden. In letzterem Falle kann lediglich der Schuldner die Leistung nicht erbringen, wohl aber ein Dritter.
Die Unmöglichkeit kann sowohl **tatsächlich** oder **rechtlich** sein. Tatsächliche Unmöglichkeit ist gegeben, wenn der Gegenstand nicht existiert. Rechtliche Unmöglichkeit liegt hingegen etwa dann vor, wenn ein gesetzliches Verbot besteht.
Weiterhin kann die Unmöglichkeit **anfänglich** oder **nachträglich** sein. Maßgeblicher Zeitpunkt ist hierbei der Vertragsschluss. Liegt das Leistungshindernis schon bei Vertragsschluss vor, so ist anfängliche Unmöglichkeit gegeben, § 311 a.
Auch kann die Unmöglichkeit **zu vertreten** oder **nicht zu vertreten** sein. Schließlich gibt es die **faktische** Unmöglichkeit (§ 275 Abs. 2). Diese ist gegeben, wenn eine Behebung des Leistungshindernisses zwar theoretisch möglich, praktisch jedoch von keinem Gläubiger ernsthaft erwartet werden kann.

Literatur
📖 Schwarze: „Unmöglichkeit" **JURA** 2002, S. 73f.

2. Was regelt § 275 Abs. 1?

Nach § 275 Abs. 1 soll der Anspruch auf die Leistung ausgeschlossen sein, wenn diese für den Schuldner (**subjektiv**) oder für jedermann unmöglich ist (**objektiv**). Die Unmöglichkeit kann auf rechtlichen oder tatsächlichen Gründen beruhen. Sie muss **dauernd** sein. Eine nur vorübergehende Unmöglichkeit befreit den Schuldner nur für die Dauer des Leistungshindernisses von der Leistungspflicht.

Voraussetzung für die subjektive Unmöglichkeit (Unvermögen) ist, dass der Schuldner seine Leistungsfähigkeit auch durch Wiederbeschaffung nicht herstellen kann.

§ 275 Abs. 1 stellt eine **rechtsvernichtende Einwendung** (von Amts wegen zu beachten) dar. Der Schuldner wird somit kraft Gesetzes von der Leistungspflicht befreit.

Beachte: Gegenüber einem Geldanspruch kann sich ein Schuldner nie auf § 275 Abs. 1 berufen, da er für seine finanzielle Leistungsfähigkeit einzustehen hat („Geld hat man zu haben").

3. Was wird in § 275 Abs. 2 geregelt?

In § 275 Abs. 2 wird die faktische Unmöglichkeit geregelt. Damit sind Fälle gemeint, in denen die Behebung des Leistungshindernisses zwar theoretisch möglich bleibt, jedoch von keinem Gläubiger ernsthaft erwartet werden kann. Anknüpfungspunkt ist das **Leistungsinteresse des Gläubigers**. Sein Interesse an der Befriedigung ist der Bezugspunkt für eine **Verhältnismäßigkeitsprüfung**. Es darf nicht in einem groben Missverhältnis zum Aufwand des Schuldners stehen. Zur Feststellung des groben Missverhältnisses sind alle Umstände des Einzelfalles zu berücksichtigen. Welche Aufwendungen zumutbar sind, wird in erster Linie durch den Inhalt des Schuldverhältnisses bestimmt.

Mit dem Aufwand des Schuldners sind sowohl Aufwendungen in Geld als auch persönliche Anstrengungen gemeint. Sollte der Schuldner die Unmöglichkeit zu vertreten haben, so sind ihm höhere Anstrengungen zur Überwindung der Unmöglichkeit zuzumuten, § 275 Abs. 2 S. 2.

§ 275 Abs. 2 stellt eine **rechtsvernichtende Einrede** dar. Diese muss vom Schuldner entweder ausdrücklich oder konkludent erhoben werden. Der Hinweis auf das Leistungshindernis reicht insoweit aus. Der Schuldner hat das Recht, die Leistung zu verweigern.

4. Für welche Fälle gilt § 275 Abs. 3?

§ 275 Abs. 3 bezieht sich nur auf solche Leistungen, die der Schuldner **persönlich** zu erbringen hat. Hier ist eine **Abwägung** zwischen dem Leistungsinteresse des Gläubigers und dem Leistungshindernis vorzunehmen. Hierbei kommen **persönliche Interessen und Umstände** des Schuldners, wie z.B. Krankheit,

Tod naher Angehöriger, Gewissenskonflikte in Betracht. Bei § 275 Abs. 3 muss kein grobes Missverhältnis bestehen, es reicht vielmehr eine einfache Unzumutbarkeit aus. Für die Rechtsfolgen des § 275 Abs. 3 gilt das zu § 275 Abs. 2 Gesagte. Auch hier hat der Schuldner das Recht, die Leistung zu verweigern, indem er die Einrede erhebt.

5.   Welche Regelung trifft § 275 Abs. 4?

In dieser Vorschrift sind die Rechte des Gläubigers im Fall der Unmöglichkeit geregelt. So wird dieser bei einem gegenseitigen Vertrag von seiner Pflicht zur Erbringung der **Gegenleistung frei**, § 326 Abs. 1, und kann vom Vertrag **zurücktreten**, § 326 Abs. 5. Hat der Schuldner die Unmöglichkeit zu vertreten, so kann der Gläubiger Schadensersatz statt der Leistung verlangen. Der Anspruch auf **Schadensersatz** richtet sich bei anfänglicher Unmöglichkeit nach § 311 a und bei nachträglicher Unmöglichkeit nach den §§ 280 Abs. 1, 283. § 275 Abs. 4 stellt allerdings keine eigene Anspruchsgrundlage dar. Es handelt sich hierbei vielmehr um eine Rechtsgrundverweisung.

6.   Was kann der Gläubiger im Falle der Unmöglichkeit außer dem Schadensersatz statt der Leistung fordern?

Nach § 285 kann der Gläubiger einen Ersatz (für den geschuldeten Gegenstand), den der Schuldner wegen eines Umstandes, welcher ihm die Leistung unmöglich macht, erlangt hat, heraus verlangen. Dazu muss der Anspruch zunächst einmal auf die **Leistung eines Gegenstandes** gerichtet gewesen sein. Auch muss der Schuldner nach § 275 von seiner **Leistungspflicht frei geworden** sein. Weiter muss der Schuldner gerade aufgrund des Umstandes, der ihm die Leistung unmöglich macht, einen **Ersatz** für den geschuldeten Gegenstand (man spricht insofern von einem Surrogat) erhalten haben. Schließlich ist erforderlich, dass sich die Leistungspflicht gerade auf den Gegenstand bezogen hat, für welchen der Ersatz erlangt wurde (**Identität**).

Beispiel: Versicherungssumme, Schadensersatz von einem
        Dritten wegen Zerstörung des Gegenstandes.

Verlangt der Gläubiger den Ersatz heraus, so vermindert sich sein Anspruch auf Schadensersatz gem. §§ 280, 283 um den Wert des Ersatzes, § 285 Abs. 2.

Weiterhin bestimmt § 284, dass der Gläubiger **anstelle** des Schadensersatzes statt der Leistung Ersatz für vergebliche Aufwendungen geltend machen kann. **Aufwendungen** sind freiwillige Vermögensopfer, die der Gläubiger im Vertrauen auf den Erhalt der Leistung gemacht hat.

§ 284 greift allerdings nur dann ein, wenn der Gläubiger die Aufwendungen auch **billigerweise** machen durfte. Er darf also nicht voreilig Aufwendungen tätigen, wenn bereits ein Scheitern des Vertrages in Aussicht steht. Eine Schranke ist insoweit gegeben, als die Aufwendungen nicht im krassen Missverhältnis zu der geschuldeten Leistung stehen dürfen.

Ferner ist der Ersatzanspruch auch dann ausgeschlossen, wenn der Zweck der Aufwendungen auch ohne die Pflichtverletzung des Schuldners **nicht erreicht worden** wäre.

7.   Was ist im Falle der Unmöglichkeit bei einem gegenseitigen Vertrag zu beachten?

§ 326 Abs. 1 bestimmt für den Fall der Unmöglichkeit, dass der Anspruch des Schuldners auf die Gegenleistung entfällt. Der Gläubiger wird also seinerseits von der Leistungspflicht frei. Die Voraussetzungen für das Eingreifen des § 326 sind ein **gegenseitiger Vertrag** und die **Unmöglichkeit** einer synallagmatischen Hauptleistungspflicht nach § 275.

Ausnahmsweise bleibt die Gegenleistungspflicht in folgenden Fällen bestehen:

1. **Verantwortlichkeit des Gläubigers** (Abs. 2 S. 1 Var. 1): Der Gläubiger muss allein oder weit überwiegend für den Umstand verantwortlich sein, der dem Schuldner die Erbringung der Leistung nach § 275 unmöglich machte. Die Verantwortlichkeit kann sich aus einem Verstoß gegen vertragliche Haupt- oder Nebenleistungspflichten ergeben.

2. **Annahmeverzug des Gläubigers** (Abs. 2 S. 1 Var. 2):

Dieser richtet sich nach den §§ 293 ff. Mit dem Eintritt des Annahmeverzuges geht die Vergütungsgefahr vorzeitig auf den Gläubiger über.

3. Herausgabe des Ersatzes nach § 285 (Abs. 3 S. 1).

Soweit die nicht geschuldete Gegenleistung bewirkt ist, kann das Geleistete nach den §§ 346 bis 348 zurückgefordert werden, § 326 Abs. 4.

8. Warum bedarf es neben den §§ 275, 326 Abs. 1 der Regelung des § 326 Abs. 5?

Nach § 326 Abs. 5 kann der Gläubiger vom Vertrag **zurücktreten**, wenn der Schuldner nach § 275 nicht zu leisten braucht. Eine Fristsetzung ist nicht erforderlich. So bestimmt § 326 Abs. 5 Hs. 2, dass auf den Rücktritt § 323 Anwendung findet, mit der Maßgabe, dass die Fristsetzung entbehrlich ist.

Was auf den ersten Blick als eine unnötige Doppelung erscheint, leuchtet ein, wenn man den Fall der Unmöglichkeit der Nacherfüllung (§ 326 Abs. 1 S. 2) bedenkt. Hier gilt nämlich der Anspruchswegfall nach § 326 Abs. 1 S. 1 gerade nicht. Dadurch soll verhindert werden, dass das Wahlrecht des Gläubigers zwischen Rücktritt und Minderung automatisch ausgeschlossen wird.

9. Was ist bei einem Schadensersatz wegen Unmöglichkeit zu beachten?

Wie bereits dargestellt, ist beim Schadensersatz zwischen **anfänglicher** und **nachträglicher** Unmöglichkeit zu unterscheiden. Bei anfänglicher Unmöglichkeit richtet sich der Schadensersatz nach § 311 a Abs. 2 und bei nachträglicher Unmöglichkeit nach den §§ 280 Abs. 1, 283.

Bei beiden Anspruchsgrundlagen handelt es sich um Schadensersatz **statt** der Leistung. Der Gläubiger ist so zu stellen, als ob die Leistung wie geschuldet erbracht worden wäre. Beim Schadensersatz statt der Leistung sind zwei verschiedene Typen zu unterscheiden:

1. Sog. **kleiner Schadensersatz**: Der Gläubiger gibt sich hier mit der erhaltenen Sache zufrieden und beschränkt den Schadensersatz auf das Defizit.

2. Sog. **großer Schadensersatz**: Hier erhält der Gläubiger den vollen Wertersatz. Damit ist der Schadensersatz statt der ganzen Leistung gemeint.

10. Welche Voraussetzungen müssen für einen Schadensersatzanspruch nach § 311 a Abs. 2 erfüllt sein?

1. **Vertragsverhältnis**: Hierunter fallen alle Verträge, welche eine Leistungspflicht begründen.

2. **Unmöglichkeit** nach § 275: Gleichgültig ist hierbei, nach welchem der drei Absätze des § 275 die Unmöglichkeit eintritt.

3. **Leistungshindernis bei Vertragsschluss.**

4. **Kenntnis** oder **fahrlässige Unkenntnis des Leistungshindernisses**, § 311 a Abs. 2 S. 2: Auf ein Verschulden kommt es insoweit nicht an. Anknüpfungspunkt ist die Pflicht des Schuldners, sich vor Vertragsschluss seiner Leistungsfähigkeit zu vergewissern. Die Reichweite dieser Pflicht ist nach den Umständen des Einzelfalles zu bestimmen.

5. **Schaden**: unfreiwillige Einbuße an Rechtsgütern. Nach § 311 a Abs. 2 S. 3 finden § 281 Abs. 1 S. 2, S. 3 sowie Abs. 5 entsprechende Anwendung. Der Gläubiger kann also im Fall von Teilleistungen Schadensersatz statt der ganzen Leistung verlangen, wenn er an der Teilleistung kein Interesse hat oder wenn, im Falle einer Schlechtleistung, die Pflichtverletzung nicht nur unerheblich ist. Der Schuldner kann in diesem Falle allerdings zurücktreten, § 281 Abs. 5.

11. Welche Voraussetzungen müssen für einen Anspruch auf Schadensersatz statt der Leistung nach §§ 280 Abs. 1, 283 erfüllt sein?

1. **Schuldverhältnis**: Es kommt grds. jedes Schuldverhältnis in Betracht. Es spielt keine Rolle, ob es sich um ein ein-

oder zweiseitiges, ein vertragliches oder ein gesetzliches Schuldverhältnis handelt.

2. **Pflichtverletzung**: Sie bildet den zentralen Begriff des einheitlichen Haftungstatbestandes, in welchem alle Leistungsstörungen zusammengefasst sind. Bei der Unmöglichkeit liegt die Pflichtverletzung darin, dass der Schuldner die geschuldete Leistung nicht erbringt.

3. **Vertretenmüssen**, § 280 Abs. 1 S. 2. Dieses wird kraft Gesetzes vermutet. Der Schuldner muss also beweisen, dass ihn kein Verschulden trifft. Der Gläubiger muss hingegen das Vorliegen einer Pflichtverletzung beweisen.

4. **Unmöglichkeit** nach §§ 275, 283: Auch hier ist gleichgültig, nach welchem der drei Absätze des § 275 die Unmöglichkeit eintritt.

5. **Schaden**

Zur Geltendmachung des Schadensersatzanspruches bedarf es keiner vorherigen Fristsetzung. So verweist § 283 S. 2 gerade nicht auf § 281 Abs. 1 S. 1. Nach § 283 S. 2 finden § 281 Abs. 1 S. 2, S. 3 sowie Abs. 5 entsprechende Anwendung. Der Gläubiger kann also, wie bei § 311 a, im Fall von Teilleistungen Schadensersatz statt der ganzen Leistung verlangen, wenn er an der Teilleistung kein Interesse hat oder wenn, im Falle einer Schlechtleistung, die Pflichtverletzung nicht nur unerheblich ist. Der Schuldner kann in diesem Falle allerdings zurücktreten, § 281 Abs. 5.

Literatur
📖 Medicus, Schuldrecht I , 19. Auflage 2010, § 42, S. 179 f., Rn. 488 f.
📖 Schlechtriem/ Schmidt-Kessel, Schuldrecht AT, 7. Auflage 2014, S. 226 f., Rn. 469 f.
📖 Looschelders, Schuldrecht AT, 12. Auflage 2014, Rn. 455, S. 183 f.

2. Der Schuldnerverzug

1.   Was passiert, wenn der Schuldner die Leistung nicht rechtzeitig erbringt?

Sofern dem Gläubiger durch die Verzögerung der Leistung ein Schaden entsteht, kann er diesen unter den Voraussetzungen der §§ 280 Abs. 1, Abs. 2, 286 ersetzt verlangen.

Führt die Verzögerung allerdings dazu, dass der Gläubiger an der verspäteten Leistung kein Interesse mehr hat, so wird ein möglicher Schaden nach den §§ 280 Abs. 1, Abs. 3, 281 Abs. 1 ersetzt. Weiterhin kann er unter den Voraussetzungen des § 323 zurücktreten.

2.   Was setzt der Anspruch auf Ersatz des Verzögerungsschadens gem. §§ 280 Abs. 1, Abs. 2, 286 voraus?

1. Ein **Schuldverhältnis**.

2. Eine **Leistungsverzögerung** als Pflichtverletzung: Die Leistung muss trotz Möglichkeit und Durchsetzbarkeit des Anspruchs nicht rechtzeitig erbracht worden sein. Gegen die Leistungspflicht dürfen weder Einwendungen noch Einreden bestehen.

3. **Vertretenmüssen**, §§ 280 Abs. 1 S. 2, 286 Abs. 4: Dieses wird vermutet (siehe oben).

4. **Verzug des Schuldners** gem. § 286.

5. Einen **Verzugsschaden**: Schaden, der dem Gläubiger dadurch entstanden ist, dass der Schuldner nicht rechtzeitig geleistet hat. Er muss kausal und in zurechenbarer Weise durch den Verzug begründet worden sein.

3.   Wann ist der Schuldner im Verzug?

Unter Verzug versteht man die Verzögerung einer fälligen Leistung durch den Schuldner. Der Schuldner kommt gem. § 286 Abs. 1 S. 1 durch die Mahnung in Verzug:

1. **Mahnung**, § 286 Abs. 1: Diese ist eine einseitige, empfangsbedürftige Aufforderung. Sie muss nicht unbedingt als solche bezeichnet werden. Der Schuldner muss ihr allerdings entnehmen können, dass der Gläubiger eine bestimmte Leistung fordert. Sie kann formlos, also auch mündlich, erfolgen.

2. **Entbehrlichkeit der Mahnung**, § 286 Abs. 2: Einer Mahnung bedarf es in folgenden Fällen nicht:

a) Wenn für die Leistung eine Zeit nach dem Kalender bestimmt ist (**Nr. 1**).

b) Wenn sich die Zeit von einem bestimmten Ereignis an nach dem Kalender bestimmen lässt (**Nr. 2**; z.B. drei Wochen nach Lieferung). Voraussetzung hierfür ist, dass die Vereinbarung bzgl. der Leistung von den Parteien getroffen wurde. Eine einseitige Bestimmung genügt hingegen nicht.

c) Bei ernsthafter und endgültiger Leistungsverweigerung durch den Schuldner (**Nr. 3**). Hier wäre die Mahnung ein reiner Formalismus.

d) Auch kann die Abwägung der beiderseitigen Interessen ergeben, dass der Verzug aus besonderen Gründen sofort eintritt.

3. **Entgeltforderungen** gem. § 286 Abs. 3: Demnach kommt der Schuldner einer Entgeltforderung spätestens 30 Tage nach Fälligkeit und Zugang einer Rechnung oder gleich wertigen Zahlungsaufstellung in Verzug, wenn er nicht leistet. Eine Rechnung ist eine gegliederte Aufstellung über eine Entgeltforderung für eine bestimmte Leistung. Diese muss textlich fixiert sein, eine mündliche Mitteilung der Forderung genügt nicht. Eine Zahlungsaufstellung ist eine fixierte Mitteilung über das geforderte Entgelt.

4. **Welche Rechtsfolgen treten ein, wenn die Voraussetzungen der §§ 280 Abs. 1, Abs. 2, 286 gegeben sind?**

Dann hat der Gläubiger einen Anspruch auf Ersatz des Verspätungsschadens. Damit ist derjenige Schaden gemeint, der dem

Gläubiger dadurch entstanden ist, dass der Schuldner verspätet geleistet hat. Grundsätzlich ist der Gläubiger so zu stellen, als wenn die Leistung rechtzeitig erbracht worden wäre. Erbringt der Schuldner hingegen die Leistung überhaupt nicht mehr, so ist ein Nichterfüllungsschaden gegeben.

Ist die Leistung hingegen bereits vor Fälligkeit des Anspruchs unmöglich, so liegt bereits keine Verspätung vor. Die Rechtsfolge ist dann ein Schadensersatzanspruch nach §§ 280 Abs. 1, Abs. 2, 283. Die Unmöglichkeit geht dem Verzug stets vor. Tritt die Unmöglichkeit erst nach dem Eintritt des Verzugs ein, so ist dieser ab diesem Zeitpunkt beendet. Für den Zeitraum vorher kann allerdings ein Anspruch auf Ersatz des Verzögerungsschadens gegeben sein. Man muss sich in der Klausur also immer die Frage stellen, ob der Schaden durch Nacherfüllung behebbar ist.

Weiterhin kann der Gläubiger bei einer Geldschuld Verzugszinsen nach § 288 Abs. 1 S. 1 verlangen. Der Verzugszinssatz beträgt bei Geschäften, an denen ein Verbraucher beteiligt, ist gem. § 288 Abs. 1 S. 2 fünf Prozentpunkte über dem Basiszinssatz (§ 247). Sind an dem Geschäft nur Unternehmer beteiligt, so beträgt dieser neun Prozentpunkte über dem Basiszinssatz, § 288 Abs. 2.

Auch ist § 287 zu beachten. Demnach hat der Schuldner während des Verzugs jede Fahrlässigkeit zu vertreten. Er haftet auch für Zufall, es sei denn, dass der Schaden auch bei rechtzeitiger Leistung eingetreten wäre.

5.   Welche Möglichkeiten hat der Gläubiger, wenn er auf Grund des Verzugs sein Interesse an der Leistung verloren hat?

Dann kann der Gläubiger Schadensersatz statt der Leistung nach den §§ 280 Abs. 1, Abs. 3, 281 Abs. 1 verlangen. Schadensersatz statt der Leistung bedeutet, dass der Gläubiger den Primärleistungsanspruch nicht mehr verfolgt, und stattdessen eine Kompensation fordert. Die Voraussetzungen sind Schuldverhältnis, Pflichtverletzung und Vertretenmüssen. Auch muss ein Schaden gegeben sein. Darüber hinaus muss erfolglos eine **Nachfrist bestimmt** worden sein, § 281 Abs. 1 S. 1. Der Grund hierfür ist, dass der Gläubiger nicht wissen kann, ob der Schuldner nicht leisten kann oder nicht leisten will.

6. Was setzt eine ordnungsgemäße Nachfristsetzung i. S. d. § 281 Abs. 1 S.1 voraus?

Das Bestimmen einer Nachfrist setzt voraus:

1. Die **Aufforderung zur Leistung**: Diese muss nachdrücklich erfolgen. Die bloße Nachfrage des Gläubigers nach der Leistungsbereitschaft des Schuldners genügt nicht. Weiterhin ist erforderlich, dass die geforderte Leistung unzweideutig benannt wird.

2. Die Nachfrist muss **angemessen** sein: Zu deren Bestimmung sind sowohl die Umstände des Einzelfalles als auch die Interessen der Beteiligten heranzuziehen.

3. Die Nachfrist muss weiterhin **erfolglos** gewesen sein: Dies ist dann der Fall, wenn der Schuldner bis zum Ablauf der Frist nicht geleistet hat.

7. Wann ist die Fristsetzung entbehrlich?

Hier ist § 281 Abs. 2 zu beachten. Demnach ist die Fristsetzung entbehrlich, wenn der Schuldner die Leistung **endgültig und ernsthaft verweigert**. An die Verweigerung sind aber strenge Maßstäbe zu stellen.

Weiterhin ist die Fristsetzung entbehrlich, wenn **besondere Umstände** vorliegen, die einen sofortigen Übergang vom Erfüllungs- zum Schadensersatzanspruch bedingen. Hierbei sind jeweils die Interessen der Parteien abzuwägen.

Beispiel: Saisonartikel, Zulieferverträge (Just-in-time).

Weiterhin kann auch eine **individualvertragliche Vereinbarung** eine Fristsetzung entbehrlich machen. Bei vorformulierten Verträgen (AGB) ist allerdings § 309 Nr. 4 zu beachten. Demnach kann in AGB eine Nachfristsetzung nicht wirksam abbedungen werden.

8. Welche Rechtsfolgen treten ein, wenn die Voraussetzungen der §§ 280 Abs. 1, Abs. 3, 281 gegeben sind?

Fordert der Gläubiger Schadensersatz, so erlischt sein Erfüllungsanspruch, § 281 Abs. 4. Vor der Geltendmachung des Schadensersatzes kann der Gläubiger allerdings weiterhin auf Erfüllung bestehen, selbst dann, wenn die Nachfrist erfolglos verstrichen ist.

Der Gläubiger kann Schadensersatz statt der Leistung verlangen. Demnach ist der Gläubiger so zu stellen, als wenn die Leistung ordnungsgemäß erbracht worden wäre. Sofern nur eine Teilleistung erfolgt ist, kann der Gläubiger unter den Voraussetzungen des § 281 Abs. 1 Schadensersatz statt der ganzen Leistung verlangen, wenn er an der Teilleistung kein Interesse hat. Nach § 281 Abs. 1 S. 3 darf im Falle einer Schlechtleistung die Pflichtverletzung nicht unerheblich sein. Zur Bestimmung der Unerheblichkeit sind wiederum sowohl die Umstände des Einzelfalles als auch die Interessen der Beteiligten heranzuziehen.

9. Welches weitere Recht steht dem Gläubiger bei Verzögerung einer Leistung aus einem gegenseitigen Vertrag zu?

Der Gläubiger kann auch vom Vertrag **zurücktreten**. Die Voraussetzungen hierfür sind:

1. **Gegenseitiger Vertrag**

2. **Nichtleistung trotz Fälligkeit**: Auch hier bedarf es zunächst einmal einer Leistungspflicht im Synallagma, welche durchsetzbar und fällig ist. Gegen diese dürfen weder Einwendungen noch Einreden bestehen. Hier ist allerdings § 323 Abs. 4 zu beachten. Demnach kann der Gläubiger bereits vor Eintritt der Fälligkeit zurücktreten, wenn offensichtlich ist, dass die Voraussetzungen des Rücktritts eintreten werden.

3. Weiterhin muss **erfolglos eine Nachfrist bestimmt** worden sein. Hier sei auf die Ausführungen zu Frage 6 verwiesen. Ebenso wie bei § 281 Abs. 2 kann nach § 323 Nr. 1-3 die Fristsetzung entbehrlich sein (siehe Frage 7). Besondere Beachtung ist hier § 323 Nr. 2 zu schenken. Einer Nachfristsetzung bedarf es nicht, wenn der Schuldner nicht zu einem vertraglich bestimmten Termin oder innerhalb einer bestimmten Frist leistet und der Gläubiger vertraglich sein Leistungsinteresse an die Rechtzeitigkeit der Leistung geknüpft hat.

4. Der Rücktritt ist hingegen **ausgeschlossen**, wenn der Gläubiger für den Umstand, der ihn zum Rücktritt berechtigt, allein oder weit überwiegend verantwortlich ist (§ 323 Abs. 6, 1. Fall) oder der Gläubiger sich im Annahmeverzug befindet (§ 323 Abs. 6, 2. Fall).

Weiterhin ist für den Rücktritt dessen **Erklärung** gem. § 349 erforderlich.

Beachte: Nach § 325 berührt das Recht, zurückzutreten, grundsätzlich den Schadensersatzanspruch nicht.

---

3. Die Schlechtleistung

---

1.   Wann spricht man von einer Schlechtleistung?

§ 281 Abs. 1 S.1 spricht davon, dass der Schuldner eine fällige Leistung **nicht wie geschuldet** erbringt. Nach § 323 Abs. 1 erbringt der Schuldner bei einem gegenseitigen Vertrag eine fällige Leistung **nicht vertragsgemäß**.

Eine Schlechtleistung ist insbesondere dann gegeben, wenn die erbrachte Leistung (oder ein Teil von ihr) nicht der vereinbarten Qualität entspricht (z.B. bei einer mangelhaften Leistung). Hierbei kommt es allerdings nicht darauf an, ob eine Haupt- oder eine Nebenpflicht verletzt wurde.

Beachte: Die §§ 281 Abs. 1 S. 1, 323 Abs. 1 sind nur dann direkt anwendbar, wenn Verträge ohne eine besondere Mängelhaftung ausgestaltet sind. So verweisen z.B. im Kauf- und Werkrecht die §§ 437 Nr. 2, Nr. 3, 634 Nr. 3, Nr. 4 auf die §§ 281 Abs. 1 S. 1, 323 Abs. 1.

Vor Gefahrübergang sind die §§ 281 Abs. 1 S. 1, 323 Abs. 1 aber auch bei Kauf- und Werkverträgen direkt anwendbar.

2.   Welche Rechtsfolgen ergeben sich für den Gläubiger im Falle einer Schlechtleistung?

Eine Schlechtleistung kann zum einem **Schadensersatzansprüche** (§§ 280 ff., 311 a Abs. 2) nach sich ziehen und zum anderen den Gläubiger zum **Rücktritt** (§§ 323, 326 Abs. 5) berechtigen. Anstelle des Schadensersatzes kann der Gläubiger **Aufwendungsersatz** nach § 284 verlangen.

Bei Schadensersatzansprüchen gilt es zunächst festzustellen, ob ein **behebbarer** oder ein **unbehebbarer** Mangel vorliegt. In ersterem Fall richtet sich der Schadensersatz nach §§ 280 Abs. 1, Abs. 3, 281, in letzerem Fall nach § 311 a Abs. 2 (bei anfänglicher Unmöglichkeit) bzw. nach §§ 280 Abs. 1, Abs. 3, 283 (bei nachträglicher Unmöglichkeit).

Zu den einzelnen Voraussetzungen für den Schadensersatz sowie den Rücktritt sei auf die Ausführungen zu Unmöglichkeit und Schuldnerverzug verwiesen.

3. Was ist unter einem Mangelfolgeschaden zu verstehen?

Unter einem Mangelfolgeschaden ist derjenige Schaden zu verstehen, welcher durch eine mangelhafte Leistung an anderen Rechtsgütern des Gläubigers entsteht.

Beispiel: Eine defekte Waschmaschine zerstört die Wäsche des Gläubigers (Waschmaschinenkäufers).

Der Schadensersatzanspruch richtet sich in diesem Falle nach § 280 Abs. 1 S. 1, da es sich nicht um einen Schadensersatz statt, sondern **neben** der Leistung handelt. Hier besteht der Schaden unabhängig von einer evtl. erfolgreichen Mangelbeseitigung. Eine vorherige Fristsetzung ist daher nicht erforderlich und würde auch wenig Sinn machen.

4. Die Nebenpflichtverletzung

1. Wann spricht man von einer Nebenpflichtverletzung?

Dies ist der Fall, wenn der Schuldner seine Pflicht zum Schutz der sonstigen Rechtsgüter und Interessen des Gläubigers gem. **§ 241 Abs. 2** verletzt. Eine derartige Verletzung stellt in der Regel die Durchführung des Vertrages nicht in Frage. Die Verletzung einer Nebenpflicht löst im überwiegenden Teil der Fälle lediglich einen Schadensersatzanspruch **neben** der Leistung nach § 280 Abs. 1 S. 1 aus. Es kann aber auch vorkommen, dass der Gläubiger in bestimmten Fällen Schadensersatz **statt** der Leistung verlangen kann. Dieser Fall ist in §§ 280 Abs. 1, Abs. 3, 282, 241 Abs. 2 geregelt. Demnach kann der Gläubiger wegen der Verletzung einer Pflicht nach § 241 Abs. 2 Schadensersatz statt der Leistung verlangen, wenn ihm die Leistung durch den Schuldner **nicht mehr zuzumuten** ist, § 282.

2. Wann ist dem Gläubiger die Leistung durch den Schuldner nicht mehr zuzumuten?

Die Frage nach der Zumutbarkeit ist eine **Wertungsfrage.** Hierbei sind die Interessen der beiden Parteien zu berücksichtigen. In die Wertung kann z.B. einfließen, ob die Schutzpflichtverletzung **erheblich** ist. Ein weiterer Gesichtspunkt ist, ob der Schuldner bereits **abgemahnt** worden ist. Dies stellt den Regelfall dar, da nur bei besonders schwerwiegenden Verstößen auf eine Abmahnung verzichtet werden kann. Weiterhin kann auch auf die **Form des Verschuldens** abgestellt werden. So ist die vorsätzliche Verletzung sonstiger Rechtsgüter und Interessen des Gläubigers ein starkes Indiz für die Unzumutbarkeit.

3. Welche Rechtsfolgen ergeben sich für den Gläubiger im Falle einer Nebenpflichtverletzung?

Eine Schlechtleistung kann, wie bereits dargestellt, zum einen **Schadensersatzansprüche** (§§ 280 ff., 311 Abs. 2) nach sich ziehen und zum anderen den Gläubiger zum **Rücktritt** (§ 324) berechtigen. Anstelle des Schadensersatzes statt der Leistung kann der Gläubiger **Aufwendungsersatz** nach § 284 verlangen.

Bei den Schadensersatzansprüchen ist § 311 Abs. 2 zu beachten. Demnach kann ein Schuldverhältnis mit Pflichten gem. § 241 Abs. 2 bereits im vorvertraglichen Stadium entstehen (vgl. II. 2. Vorvertragliche Schuldverhältnisse). Der Rücktritt nach § 324 setzt voraus, dass dem Gläubiger ein Festhalten am Vertrag nicht mehr zuzumuten ist. Hier sei auf die Ausführungen zu Frage 2 verwiesen.

5. Der Gläubigerverzug

1. Was versteht man unter einem Gläubigerverzug?

Der Gläubigerverzug ist in den §§ 293 ff. geregelt. Demnach kommt der Gläubiger in Verzug, wenn er die ihm angebotene Leistung nicht annimmt (§ 293). Die Voraussetzungen des Gläubigerverzuges sind:

1. **Erfüllbarkeit des Anspruchs**: Wie bereits dargestellt, darf der Schuldner **sofort**, also bereits vor der Fälligkeit des Anspruchs leisten, § 271 Abs. 2.

2. **Angebot der Leistung**: Der Schuldner muss das seinerseits zur Erbringung der Leistung Erforderliche getan haben.

3. **Möglichkeit der Leistung**: Im Falle der Unmöglichkeit der Leistung oder des Unvermögens des Schuldners wird der Gläubigerverzug gem. § 297 ausgeschlossen.

4. **Nichtannahme der Leistung**.

Literatur
📕 Wirth: „Gläubigerverzug" **JuS** 2002, S. 764 f.

2. Wie hat das Angebot der Leistung zu erfolgen?

Nach § 294 muss die Leistung dem Gläubiger **tatsächlich** angeboten werden. Das bedeutet, das Angebot muss so gemacht werden, dass der Gläubiger nichts weiter tun muss als zuzugreifen und die Leistung anzunehmen. Bei einer Schickschuld muss das Angebot am Wohn- oder Geschäftssitz des Gläubigers erfolgen. Auf den Gefahrübergang nach § 447 kommt es insoweit nicht an.

Nach § 295 reicht auch ein **wörtliches** Angebot aus, wenn der Gläubiger erklärt hat, er werde die Leistung nicht annehmen (1. Fall). Dies gilt auch, wenn zur Bewirkung der Leistung eine Handlung des Gläubigers erforderlich ist (2. Fall). Hier ist zu beachten, dass nach § 295 S. 2 die Aufforderung an den Gläubiger, die Handlung vorzunehmen, dem Angebot der Leistung gleichsteht (z.B. das Abholen bei einer Holschuld).

Nach § 296 ist das Angebot **entbehrlich**, wenn für die durch den Gläubiger vorzunehmende Handlung eine Zeit nach dem Kalender bestimmt ist. Hier bedarf es des Angebots nur, wenn der Gläubiger die Handlung rechtzeitig vornimmt.

3. Wann ist eine Nichtannahme der Leistung gegeben?

Für die **Nichtannahme**, der das **Nichtbewirken einer Mitwirkungshandlung** gleichsteht, genügt ein bloßes Unterlassen der Annahme bzw. der Mitwirkungshandlung. Eine ausdrückliche Ablehnung ist hingegen nicht erforderlich. Auch spielt es keine Rolle, aus welchem Grund der Gläubiger die Annahme verweigert.

Der Nichtannahme steht es gleich, wenn der Gläubiger zwar die Leistung annehmen möchte, die Zug-um-Zug geschuldete Gegenleistung aber zurückbehält, § 298.

Für den Gläubigerverzug ist es, im Gegensatz zum Schuldnerverzug, **unerheblich**, ob der Gläubiger die Nichtannahme der Leistung **zu vertreten** hat.

Nach § 299 schadet aber eine vorübergehende Annahmeverhinderung nicht, wenn die Leistungszeit nicht bestimmt oder der Schuldner berechtigt ist, vor der bestimmten Zeit zu leisten. Etwas anderes gilt nur dann, wenn der Schuldner die Leistung eine angemessene Zeit vorher angekündigt hat. § 299 soll den Gläubiger davor schützen, dass er überraschend in Annahmeverzug gerät. Niemand kann andauernd annahmebereit sein.

4. Welches sind die Rechtsfolgen des Gläubigerverzuges?

Die Rechtsfolgen des Gläubigerverzugs bestimmen sich nach den §§ 300 – 304:

- **§ 300 Abs. 1** regelt, dass der Schuldner während des Gläubigerverzuges nur **Vorsatz** und **grobe Fahrlässigkeit** zu vertreten hat. Diese Vorschrift stellt eine Haftungsmilderung dar.

- **§ 300 Abs. 2** bestimmt für Gattungsschulden, dass die Gefahr in dem Zeitpunkt auf den Gläubiger übergeht, in welchem er durch Nichtannahme in Verzug kommt (**Übergang der Leistungsgefahr**). Dies ist insbesondere bei *Geldschulden* wichtig. Für alle übrigen Gattungsschulden ist § 243 Abs. 2 vorrangig.

- Weiterhin behält der Schuldner im Falle der Unmöglichkeit seinen Anspruch auf die Gegenleistung, wenn er den die Unmöglichkeit auslösenden Umstand nicht zu vertreten hat, **§ 326 Abs. 2 S. 1** (**Übergang der Preisgefahr**).

- Außerdem kann der Schuldner den Ersatz von Mehraufwendungen, welche er für das erfolglose Angebot sowie für die Aufbewahrung und Erhaltung des geschuldeten Gegenstandes machen musste, verlangen, **§ 304**.

- Als letzte Rechtsfolge des Gläubigerverzugs ist **§ 323 Abs. 6** zu nennen, wonach der Gläubigerverzug zum Ausschluss des Rücktrittsrechts des Gläubigers führt, wenn der vom Schuldner nicht zu vertretende Umstand zu einer Zeit eintritt, zu welcher der Gläubiger im Verzug der Annahme ist.

Literatur
Medicus, Schuldrecht I , 19. Auflage 2010, Rn. 426 f., Rn. 521 f.
Schlechtriem/ Schmidt-Kessel, Schuldrecht AT, 7. Auflage 2014, S. 307 f., Rn. 682 f.
Looschelders, Schuldrecht AT, 12. Auflage 2014, § 38, Rn. 747 f.
Brox/ Walker, Allgemeines Schuldrecht, 38. Auflage 2014, § 26.

6. Die Störung der Geschäftsgrundlage

1. Was versteht man unter einer Störung der Geschäftsgrundlage?

Die Störung der Geschäftsgrundlage ist in § 313 geregelt. Für das Bejahen einer Störung der Geschäftsgrundlage müssen vier Voraussetzungen gegeben sein:

1. **Schwerwiegende Änderung** von Umständen nach Vertragsschluss.

2. Diese Umstände müssen zur **Grundlage** des Vertrages geworden sein.

3. Die Parteien müssten den Vertrag, wenn sie die Veränderungen vorausgesehen hätten, **nicht** oder **mit anderem Inhalt** geschlossen haben.

4. Das Festhalten am unveränderten Vertrag muss für eine Partei unter Berücksichtigung aller Umstände des Einzelfalles, insbesondere der vertraglichen oder gesetzlichen Risikoverteilung, **unzumutbar** sein.

§ 313 ist eine spezielle Ausformung des Grundsatzes von Treu und Glauben, § 242. Er gilt für alle schuldrechtlichen Verträge.

2. Wann ist eine schwerwiegende Änderung von Umständen gegeben?

Eine schwerwiegende Änderung von Umständen kann z.B. vorliegen, wenn ein rechtlich oder wirtschaftlich zusammenhängender Vertrag nicht zustande kommt oder wenn sich eine dem Vertrag als feststehend zugrunde gelegte gesetzliche Vorschrift ändert. Wann eine schwerwiegende Änderung vorliegt, hängt von dem jeweiligen Vertrag, der aufgetretenen Störung, sowie von den sonstigen Umständen des Einzelfalles ab.

Beispiel: Erschütterung des Preisgefüges, Rechtsänderungen.

3. Was ist unter der Grundlage des Vertrages zu verstehen?

Dies ist die Geschäftsgrundlage, welche durch die Umstände, die Vertragsgrundlage geworden sind, gebildet wird. **Die Geschäftsgrundlage gehört nicht zum Vertragsinhalt.** Die Abgrenzung zwischen Vertragsinhalt (durch Auslegung gem. §§ 133, 157 zu ermitteln) und der Geschäftsgrundlage ist meist schwierig. Sie kann im Einzelfall aber offen bleiben, wenn sowohl die Auslegung des Vertragsinhalts als auch die Geschäftsgrundlage zum selben Ergebnis führen.

Bei der Geschäftsgrundlage sind die subjektive und die objektive Geschäftsgrundlage zu unterscheiden.

Subjektive Geschäftsgrundlage sind Vorstellungen einer Partei, welche bei Vertragsschluss zutage getreten sind, der anderen Partei erkennbar waren und von ihr nicht beanstandet wurden. Auch fallen Vorstellungen beider Parteien hierunter. Einseitige Erwartungen einer Partei, welche für deren Willensbildung maßgebend waren, werden nur dann Geschäftsgrundlage, wenn sie in den für den Vertrag maßgeblichen Geschäftswillen beider Parteien aufgenommen wurden.

Objektive Geschäftsgrundlage sind Umstände deren Vorhandensein oder Fortdauer objektiv erforderlich ist, damit der Vertrag im Sinne beider Parteien noch als Regelung bestehen kann.

4. Was bedeutet unzumutbar i. S. d. § 313?

Unzumutbar bedeutet, dass die unveränderte Vertragserfüllung der von der Störung betroffenen Partei nicht mehr zugemutet werden kann. Das Festhalten an der vereinbarten Regelung muss zu einem untragbaren, mit Recht und Gerechtigkeit schlechthin unvereinbarem Ergebnis führen. Dazu ist eine umfassende Interessenabwägung unter Würdigung aller Umstände, insbesondere aller Vor- und Nachteile für die betroffene Partei, erforderlich.

5. Was sind die Rechtsfolgen von § 313?

In erster Linie kommt eine **Vertragsanpassung** in Betracht, § 313 Abs. 1 S. 1. Diese ist allerdings immer dann ausgeschlossen, wenn die Störung in die Risikosphäre (vertraglich oder gesetzlich) einer Partei fällt. Die Vertragsanpassung tritt aber nicht kraft Gesetzes ein, sondern sie setzt vielmehr ein Verlangen des benachteiligten Teils voraus. Die Modalitäten der Anpassung hängen vom jeweiligen Vertrag ab.

Ist eine Vertragsanpassung nicht möglich, so kann der benachteiligte Teil vom Vertrag **zurücktreten**, § 313 Abs. 3 S. 1. Die Auflösung des Vertrages ist aber als ultima ratio zu sehen, da aus Gründen der Vertragstreue und der Rechtssicherheit der Vertrag möglichst aufrechtzuerhalten ist.

IX. Das Schadensrecht

1. Was versteht man unter Schadensrecht und wo ist es geregelt?

Das Schadensrecht ist in den **§§ 249 bis 253** geregelt. In ihm sind Art, Inhalt und Umfang der Schadensersatzleistung festgelegt. Das Schadensrecht umfasst sämtliche Wege der Schadensermittlung sowie die Zurechnung des Schadens zu einer Rechts- bzw. Pflichtverletzung seitens des Schuldners. Man spricht insoweit auch vom **haftungsausfüllenden Tatbestand**. Die §§ 249 ff. begründen allerdings keine Verpflichtung zum Schadensersatz. Diese muss sich aus einem vertraglichen oder gesetzlichen Schuldverhältnis (bzw. dessen Verletzung) ergeben. Dabei handelt es sich um den **haftungsbegründenden Tatbestand**.

2. Was bedeutet Schaden und welche Schadensarten gibt es?

Von einem Schaden im natürlichen Sinne spricht man bei jeder unfreiwilligen **Einbuße**, welche jemand infolge eines bestimmten Ereignisses an seinen Lebensgütern, wie Gesundheit, Ehre, Eigentum oder Vermögen erleidet. Der im BGB verwendete Schadensbegriff umfasst sowohl **Vermögens-** als auch **Nichtvermögensschäden** (siehe § 253).

Unter einem **Vermögensschaden** ist der an materiellen Rechtsgütern (z.B. Sachen) entstandene Schaden, unter **Nichtvermögensschaden** der an immateriellen Rechtsgütern (z.B. Ehre, Freiheit) entstandene Schaden zu verstehen.

Weiterhin gibt es einen **unmittelbaren** und einen **mittelbaren** Schaden. Ersterer entsteht an dem verletzten Gut selbst, letzterer entsteht an anderen, nicht unmittelbar betroffenen Gütern (Folgeschaden; z.B. am Vermögen).

Das **Vertrauensinteresse** (sog. **negatives Interesse**) wird berechnet, indem man ermittelt, wie der Geschädigte stünde, wenn das fragliche Ereignis *nicht* eingetreten wäre. Der Geschädigte muss hierbei so gestellt werden, als wenn er vom Vertrag nie etwas gehört hätte.

Beim sog. **Nichterfüllungsschaden** gilt hingegen: Die geschädigte Vertragspartei muss so gestellt werden, wie sie stünde, wenn ordnungsgemäß erfüllt worden wäre. Ersetzt wird hier also das sog. **positive Interesse**.

3.   Welche Zwecke verfolgt der Schadensersatz?

Die Hauptfunktion des Schadensersatzes ist, die erlittene Vermögenseinbuße auszugleichen. Man spricht insoweit von der **Ausgleichfunktion**. Weiterhin kommt dem Schadensersatz die Funktion der **Prävention** und **Schadensverhütung** zu. Auch ist im Schadensersatz eine gewisse Fortsetzung des geschädigten Rechtsguts zu sehen (Rechtsfortsetzungsgedanke). Eine Bestrafungsfunktion erfüllt der Schadenersatz hingegen nicht.

Eine besondere Funktion kommt dem **Schmerzensgeld** gem. § 253 Abs. 2 zu: Dieses erfüllt neben der Ausgleichsfunktion auch eine **Genugtuungsfunktion**.

4.   Nach welchem Prinzip wird der Schadensersatz bemessen?

Die Bemessung des Schadensersatzes folgt dem Prinzip der **Totalreparation**. Totalreparation bedeutet, dass der Schädiger den ganzen Schaden, welchen er zurechenbar verursacht hat, ersetzen muss. Dabei spielt es keine Rolle, wenn der entstanden Schaden seine finanzielle Leistungsfähigkeit bei weitem übersteigt. Die Höhe des Schadensersatzes richtet sich also allein an der dem Geschädigten entstandenen Einbuße. Allerdings darf der Geschädigte nicht mehr als die erlittene Einbuße verlangen. Insoweit gilt das schadensrechtliche Bereicherungsverbot. In der Praxis wird der Schaden nach den einschlägigen Schadenstabellen bemessen.

5.   Wie wird der Schaden zugerechnet?

Bei der Schadenszurechnung sind folgende Theorien in der vorgegebenen Reihenfolge zu prüfen:

1. **Äquivalenztheorie**: Demnach ist jede Handlung kausal für den Schaden, die nicht hinweggedacht werden kann, ohne dass der eingetretene Erfolg entfiele. Das bedeutet, dass auch weit vom Schaden entfernte Handlungen noch als ursächlich für den Schaden gewertet werden können (z.B. hätte der Messerhändler dem Schädiger kein Messer verkauft, hätte dieser auch nicht die Reifen des Pkw des Geschädigten durchstechen können). Da diese Theorie allerdings zu weit gefasst ist, bedarf es einer Einschränkung. Diese erfolgt durch die Adäquanztheorie und die Lehre vom Schutzzweck der Norm.

2. **Adäquanztheorie**: Demnach sind alle Ursachen als irrelevant anzusehen, die nur unter sehr ungewöhnlichen, selbst für den optimal Handelnden unvorhersehbaren Umständen geeignet sind, den Schaden herbeizuführen. Es liegt also keine Kausalität vor, wenn der eingetretene Erfolg nach der allgemeinen Lebenserfahrung außerhalb aller Wahrscheinlichkeit lag.

3. **Lehre vom Schutzzweck der Norm**: Nach dieser Lehre ist ein Schaden zurechenbar, wenn er nach seiner Art und Entstehungsweise unter den Schutzzweck der verletzten Norm fällt. Die in Frage stehende Norm muss also gerade bezwecken, vor Schäden der eingetretenen Art zu schützen. Der Schaden muss in einem inneren Zusammenhang mit der vom Schädiger geschaffenen Gefahrenlage stehen.

6. **Was bedeutet der Grundsatz der Naturalrestitution?**

Dieser ist in § 249 geregelt. Er bedeutet, dass der Zustand wiederhergestellt werden muss, welcher ohne das schädigende Ereignis bestehen würde. Eine hypothetische Weiterentwicklung des Zustandes ist zu berücksichtigen. Der Grundsatz der Naturalrestitution soll das Erhaltungs- oder Integritätsinteresse des Geschädigten schützen.

Sollte die Naturalrestitution nicht ausreichen, so bestimmt § 251 **Abs. 1 Alt. 2,** dass dem Geschädigten ein Anspruch in Geld zusteht.

7. **In welchen Fällen macht das Gesetz eine Ausnahme von der Naturalrestitution?**

§ **249 Abs. 2** bestimmt, dass bei Schadensersatz wegen der Verletzung einer Person oder bei Sachbeschädigung **statt der Herstellung** der dazu erforderliche Geldbetrag verlangt werden kann. Dieser Anspruch setzt aber voraus, dass die Naturalrestitution überhaupt **möglich** ist. Ist sie dies nicht, so greift allein § 251 **Abs. 1 Alt. 1** („Herstellung nicht möglich").

Kommt der Schädiger seiner Pflicht zur Herstellung trotz Bestimmung einer angemessenen Frist nicht nach, so kann der Geschädigte Schadensersatz in Geld verlangen, wenn er vorher erklärt hat, dass er die Herstellung nach Ablauf der Frist ablehnen werde, § **250.**

Ist die Herstellung nur mit unverhältnismäßigem Aufwand möglich, so bestimmt § 251 **Abs. 2,** dass der Schadensersatzpflichtige den Geschädigten in Geld entschädigen kann. Als wichtiges Beispiel ist hier der wirtschaftliche Totalschaden bei Kraftfahrzeugen zu nennen. Sind die Reparaturkosten um mehr 30 % höher als die Wiederbeschaffungskosten (Wert des Kfz vor dem Unfall), so greift § 251 Abs. 2.

8. **Was ist unter entgangenem Gewinn zu verstehen?**

Nach § 252 S. 1 umfasst der zu ersetzende Schaden auch den entgangenen Gewinn. Nach § **252 S. 2** gilt der Gewinn als entgangen, welcher nach dem gewöhnlichen Lauf der Dinge mit Wahrscheinlichkeit erwartet werden konnte. Auch der Gewinn, welcher nach besonderen Umständen (z.B. getroffene Vorkehrungen) mit Wahrscheinlichkeit erwartet werden konnte, fällt hierunter. S. 2 stellt insoweit eine Beweiserleichterung für den Geschädigten dar. An die Wahrscheinlichkeit dürfen keine strengen Anforderungen gestellt werden. Der Geschädigte muss die Tatsachen für seine Schadensschätzung vortragen.

9. Was versteht man unter einem immateriellen Schaden?

§ 253 Abs. 1 statuiert, dass unter einem immateriellen Schaden ein Schaden zu verstehen ist, der nicht Vermögensschaden ist.

In § 253 Abs. 2 ist der Anspruch auf Schmerzensgeld geregelt. Hierfür muss eines der genannten Rechtsgüter (Körper, Gesundheit, Freiheit, sexuelle Selbstbestimmung) verletzt worden sein. Wie bereits dargestellt, dient das Schmerzensgeld dazu, dem Geschädigten einen Ausgleich für die erlittenen immateriellen Schäden zu geben. Darüber hinaus soll auch eine Genugtuung für das erlittene Leid eingeräumt werden.

Das Schmerzensgeld soll nach dem Gesetzeswortlaut „billig" sein. Für dessen Bemessung ist daher maßgeblich: die Schwere der Verletzung, die erlittenen Schmerzen, die Dauer des Leidens sowie der Grad des Verschuldens des Schädigers.

10. Wann trifft den Geschädigten ein Mitverschulden und welche Rechtsfolgen treten dann ein?

Nach § 254 trifft den Geschädigten ein Mitverschulden, wenn bei der Entstehung des Schadens sein Mitverschulden mitgewirkt hat.

Die Rechtsfolge ist, dass die Pflicht zum Schadensersatz sowie dessen Umfang von den Umständen abhängen, inwieweit der eine oder andere Teil an der Entstehung des Schadens mitgewirkt hat. § 254 schränkt das Prinzip der Totalreparation ein, indem er eine Aufteilung des Schadens ermöglicht.

Hier ist eine **Abwägung** vorzunehmen, in deren Vordergrund das objektive Gewicht der jeweiligen Verursachungsbeiträge steht. Erst in zweiter Linie ist auf den Grad des jeweiligen Verschuldens abzustellen. Hat allerdings der eine Teil vorsätzlich gewirkt und der andere fahrlässig, so ist der Schaden regelmäßig allein von demjenigen zu tragen, dem Vorsatz zur Last fällt.

X. Die Abtretung

1. Was versteht man unter einer Abtretung?

Eine Abtretung ist die Übertragung einer Forderung von einem Gläubiger (Altgläubiger) auf einen anderen (Neugläubiger) durch Vertrag, § 398 S. 1. Der Altgläubiger wird als **Zedent** und der Neugläubiger als **Zessionar** bezeichnet.

Durch die Abtretung wird der Zessionar Inhaber der Forderung, wohingegen der Zedent seine Forderung verliert. So bestimmt § 398 S. 2, dass mit dem Abschluss des Vertrages der neue Gläubiger an die Stelle des bisherigen Gläubigers tritt.

2. Welche Rechtsnatur hat die Abtretung?

Die Abtretung stellt ein **Verfügungsgeschäft** dar und ist daher vom schuldrechtlichen Verpflichtungsgeschäft (z.B. Forderungskauf, Schenkung etc.) zu unterscheiden. Letzeres ist nach dem Abstraktionsprinzip grundsätzlich von der Abtretung unabhängig. Mängel des Verpflichtungsgeschäfts lassen die Wirksamkeit der Abtretung unberührt. In diesem Fall hat der Altgläubiger allerdings einen Anspruch aus ungerechtfertigter Bereicherung gem. § 812 Abs. 1 S. 1 gegen den Neugläubiger.

3. An welche Voraussetzungen ist die Abtretung gebunden?

1. **Einigung**: Zedent und Zessionar müssen über den Übergang der Forderung einig sein. Einer Mitwirkung des Schuldners bedarf es hingegen nicht. Die Einigung ist grds. formfrei.

2. **Abtretbarkeit der Forderung.**

3. **Berechtigung des Zedenten.**

4. **Bestimmbarkeit der Forderung.**

4. Wann sind Forderungen nicht abtretbar?

Die Abtretbarkeit von Forderungen kann entweder **vertraglich** oder **durch Gesetz** ausgeschlossen sein:

1. **Gesetzlich**: Hier ist z. B die Vorschrift des § 613 S. 2 zu nennen. Demnach ist ein Anspruch auf persönlich zu erbringende Dienstleistungen im Zweifel nicht übertragbar. Weiterhin bestimmt § 400, dass unpfändbare Forderungen nicht abtretbar sind (siehe Frage 19, S. 58). Schließlich ist die Abtretung nach § 399 Alt. 1 ausgeschlossen, wenn die Leistung an einen anderen den Leistungsinhalt verändern würde. Dies ist insbesondere bei höchstpersönlichen Rechten (z.B. Anspruch auf eheliche Lebensgemeinschaft, § 1353 Abs. 1 S. 2) und bei akzessorischen Nebenrechten (z.b. Bürgschaft, § 765, Pfandrecht, § 1204) der Fall.

2. **Vertraglich**: Nach § 399 Alt. 2 kann eine Forderung nicht abgetreten werden, wenn die Abtretung **durch Vereinbarung** mit dem Schuldner ausgeschlossen ist. Versucht der Gläubiger trotzdem abzutreten, so ist die Abtretung absolut (gegenüber jedermann) **unwirksam**. Nach h.M. kann der Schuldner aber den Abtretungsversuch entsprechend § 185 rückwirkend genehmigen.

Eine Einigung über den Übergang einer nicht abtretbaren Forderung ist **unwirksam**. Ein Gläubigerwechsel findet insofern nicht statt.

5. Wann ist die Berechtigung des Zedenten gegeben?

Dazu muss der Zedent **Inhaber der Forderung** sein bzw. bei künftigen Forderungen Inhaber werden. Die Forderung muss wirksam bestehen und darf nicht einem Dritten zustehen.

Im Gegensatz zu Sachen gibt es bei Forderungen grds. keinen gutgläubigen Erwerb nach §§ 932 ff. Hier fehlt es an einem Rechtsschein, auf welchen sich der Erwerber berufen könnte.

Eine Ausnahme von diesem Grundsatz macht § 405. Dieser regelt den Fall, dass der Zedent die Forderung unter Vorlage einer Schuldurkunde, welche vom Schuldner ausgestellt wurde, abtritt. Dann kann sich der Schuldner nicht darauf berufen, er habe die Urkunde nur zum Schein (§ 117) ausgestellt oder dass mit dem Zedenten ein vertraglicher Abtretungsausschluss bestand.

Eine Rückausnahme hiervon macht § 405 a.E. Demnach kann sich der Zessionar nicht auf den Rechtsschein der Schuldurkunde berufen, wenn er den Sachverhalt (Scheingeschäft/vertraglicher Vertragsausschluss) kannte oder kennen musste.

6. Warum bedarf es der Bestimmbarkeit der Forderung?

Das Erfordernis der Bestimmbarkeit der Forderung ergibt sich aus dem Gebot der Rechtssicherheit. Es muss sich bei jeder Abtretung feststellen lassen, welche Forderungen von ihr umfasst werden. Die Parteien müssen daher die Forderungen so genau bezeichnen, dass sie individualisierbar sind.

Dem Erfordernis der Bestimmbarkeit ist insbesondere bei der Abtretung künftiger Forderungen eine besondere Bedeutung beizumessen. Hier muss die Forderung spätestens mit ihrer Entstehung nach Person des Schuldners, Umfang und Gegenstand bestimmt sein, ohne dass es ergänzender Maßnahmen der Parteien bedarf.

Beispiel: Ein Einzelhändler tritt seinem Großhändler alle aus der Veräußerung der vom Großhändler gelieferten Waren entstehenden (Kaufpreis-) Forderungen gegen seine Kunden ab.

7. Welche Rechtsfolgen hat die Abtretung?

Nach § 398 S. 2 hat die Abtretung zur Folge, dass der neue Gläubiger an die Stelle des bisherigen Gläubigers tritt. Er erwirbt also in erster Linie das **Forderungsrecht**.

Darüber hinaus bestimmt § 401, dass der neue Gläubiger mit der Abtretung automatisch alle **akzessorischen** (von der Forderung abhängigen) **Nebenrechte** erwirbt. § 401 benennt Hypotheken, Schiffshypotheken, Pfandrechte und Bürgschaften.

Weiterhin bestimmt § 402, dass der bisherige Gläubiger verpflichtet ist, dem neuen Gläubiger die zur Geltendmachung der Forderung nötige Auskunft zu erteilen und ihm Beweisurkunden über die Forderung auszuliefern.

8. Welchen Schutz des Schuldners sieht das Gesetz im Falle einer Abtretung vor?

Das Gesetz sieht zum Schutz des Schuldners insbesondere vor:

1. **Einwendungen des Schuldners, § 404.**

2. **Aufrechnung gegenüber dem neuen Gläubiger, § 406.**

3. **Rechtsgeschäfte in Unkenntnis der Abtretung, § 407.**

Auch bestimmt § 410, dass der Schuldner dem neuen Gläubiger gegenüber nur gegen Aushändigung der vom alten Gläubiger ausgestellten Abtretungsurkunde zur Leistung verpflichtet ist.

9. Welche Einwendungen kann der Schuldner dem neuen Gläubiger gem. § 404 entgegensetzen?

Nach § 404 kann der Schuldner dem neuen Gläubiger diejenigen Einwendungen entgegensetzen, welche schon zur Zeit der Abtretung der Forderung gegen den bisherigen Gläubiger begründet waren. § 404 stellt die Grundnorm des Schuldnerschutzes dar.

Mit Einwendungen sind nicht nur **rechtshindernde** und **rechtsvernichtende Einwendungen** gemeint, sondern auch **Einreden.**

§ 404 spricht davon, dass die Einwendungen „begründet waren". Das bedeutet, dass die Einwendungen ihren Rechtsgrund in dem Schuldverhältnis zwischen dem alten Gläubiger und dem Schuldner haben müssen.

Beispiel: Wenn eine Leistungsstörung erst nach der Abtretung eintritt, so kann der Schuldner z.B. vom Vertrag zurücktreten (sofern ihm aus der Leistungsstörung ein Rücktrittsrecht erwächst).

10. Wann kann der Schuldner gegenüber dem neuen Gläubiger aufrechnen?

Rechnet der Schuldner bereits **vor** der Abtretung auf, so führt die Aufrechnung nach § 389 zum Erlöschen der Forderung. Dies kann dem neuen Gläubiger gem. § 404 entgegengehalten werden.

Bei einer Aufrechnung **nach** der Abtretung fehlt es an dem Gegenseitigkeitsverhältnis zwischen Haupt- und Gegenforderung. Daher bestimmt § **406**, dass der Schuldner mit einer ihm gegen den bisherigen Gläubiger zustehenden Forderung auch gegenüber dem neuen Gläubiger aufrechnen kann.

Dies ist nur dann ausgeschlossen, wenn der Schuldner bei dem Erwerb der Forderung von der Abtretung Kenntnis hatte (§ 406 Hs. 2 Alt. 1) **oder** wenn die Forderung erst nach der Erlangung der Kenntnis **und** später als die abgetretene Forderung fällig geworden ist (§ 406 Hs. 2 Alt. 2).

Der Schuldner darf also beim Erwerb der Gegenforderung keine Kenntnis von der Abtretung der Hauptforderung gehabt haben. Weiterhin muss die Gegenforderung spätestens mit der Hauptforderung fällig geworden sein oder, falls sie später fällig wird, nicht nach der Kenntnis des Schuldners von der Abtretung fällig werden.

11.   Was geschieht, wenn der Schuldner in Unkenntnis der Abtretung Rechtshandlungen gegenüber dem alten Gläubiger vornimmt?

Dieser Fall ist in § 407 geregelt. Demnach kann der Schuldner befreiend an den bisherigen Gläubiger leisten. Die abgetretene Forderung erlischt in diesem Falle (§ 362). Der neue Gläubiger muss dies gegen sich gelten lassen, § 407 Abs. 1.

Voraussetzung für die Anwendung von § 407 ist, dass der Schuldner **gutgläubig** war. Dies ist der Fall, wenn der Schuldner die Abtretung im Zeitpunkt der Leistung nicht kannte. Er durfte also keine positive Kenntnis von der Abtretung haben.

§ 407 findet gem. § 408 auch bei mehrfacher Abtretung der Forderung entsprechende Anwendung.

▶ Unsere 📖 Skripten 🗂 Karteikarten 🎧 Hörbücher (CD & MP3)

Zivilrecht

- 📖 Standardfälle für Anfänger (7,90 €)
- 📖 Grundlagen und Fälle BGB für 1. und 2. Sem. (9,90 €)
- 📖 🎧 Standardfälle BGB AT (7,90 €)
- 📖 🎧 Standardfälle Schuldrecht (7,90 €)
- 📖 🎧 Standardfälle Ges. Schuldverh., §§ 677, 812,823
- 📖 🎧 Standardfälle Sachenrecht (9,90 €)
- 📖 🎧 Standardfälle Familien- und Erbrecht (9,90 €)
- 📖 Klausuren Übung für Fortgeschrittene (7,90 €)
- 📖 🎧 Basiswissen BGB (AT) (Frage-Antwort)
- 📖 🎧 Basiswissen SchuldR (AT) 📖 🎧 SchuldR (BT) (7 €)
- 📖 🎧 Basiswissen Sachenrecht, 📖 🎧 FamR, 📖 🎧 ErbR
- 📖 Einführung in das Bürgerliche Recht (7,90 €)
- 📖 Studienbuch BGB (AT) (12 €)
- 📖 Studienbuch Schuldrecht (AT) (12 €)
- 📖 Schuldrecht (BT) 1 - §§ 437, 536, 634, 670 ff. (7,90 €)
- 📖 Schuldrecht (BT) 2 - §§ 812, 823, 765 ff. (7,90 €)
- 📖 SachenR 1 - Bewegl. S., 📖 SachenR 2 - Unb. S. (7,9 €)
- 📖 Familienrecht und 📖 Erbrecht (Einführungen) (7,90 €)
- 📖 Streitfragen Schuldrecht (7,90 €)
- 📖 🎧 Definitionen für die Zivilrechtsklausur (9,90 €)

Strafrecht

- 📖 🎧 Standardfälle für Anfänger Band 1 (9,90 €)
- 📖 Standardfälle für Anfänger Band 2 (7,90 €)
- 📖 Standardfälle für Fortgeschrittene (12 €)
- 📖 🎧 Basiswissen Strafrecht (AT) (Frage-Antwort)
- 📖 🎧 Basiswissen Strafrecht BT 1 und 📖 🎧 BT 2 (7 €)
- 📖 Strafrecht (AT) (7,90 €)
- 📖 Strafrecht (BT) 1 - Vermögensdelikte (9,90 €)
- 📖 Strafrecht (BT) 2 - Nichtvermögensdelikte (9,90 €)
- 📖 🎧 Definitionen für die Strafrechtsklausur (7,90 €)

Irrtümer und Änderungen vorbehalten!

Öffentliches Recht

- 📖 Standardfälle Staatsrecht I - StaatsorgaR (9,90 €)
- 📖 Standardfälle Staatsrecht II - Grundrechte (9,90 €)
- 📖 🎧 Standardfälle f. Anfänger (StaatsorgaR u. GRe) (7,9 €)
- 📖 Standardfälle Verwaltungsrecht (AT) (9,90 €)
- 📖 Standardfälle Polizei- und Ordnungsrecht (9,90 €)
- 📖 Standardfälle Baurecht (9,90 €)
- 📖 Standardfälle Europarecht (9,90 €)
- 📖 Standardfälle Kommunalrecht (9,90 €)
- 📖 🎧 Basiswissen StaatsR I -StaatsorgaR (Fr-Antw.) (7 €)
- 📖 🎧 Basiswissen StaatsR II -GrundR (Frage-Antw.) (7 €)
- 📖 Basiswissen VerwaltungsR AT - (Frage-Antwort) (7 €)
- 📖 Studienbuch Staatsorganisationsrecht (9,90 €)
- 📖 Studienbuch Grundrechte (9,90 €)
- 📖 Studienbuch Verwaltungsrecht AT (12 €)
- 📖 Studienbuch Europarecht (12,90 €)
- 🎧 Basiswissen Europarecht
- 📖 Staatshaftungsrecht (9,90 €)
- 📖 VerwaltungsR AT 1 - VwVfG u. 📖 AT 2-VwGO (7,90 €)
- 📖 VerwaltungsR BT 1 - POR (9,90 €)
- 📖 VerwaltungsR BT 2 - BauR 📖 BT 3 - UmweltR (9,90 €)
- 📖 🎧 Definitionen Öffentliches Recht (9,90 €)

Steuerrecht

- 📖 Abgabenordnung (AO) (9,90 €)
- 📖 Einkommensteuerrecht (EStG) (9,90 €)
- 📖 Erbschaftsteuerrecht (9,90 €)
- 📖 Steuerstrafrecht/Verfahren/Steuerhaftung (7,90 €)

Sozialrecht

- 📖 Kinder- und Jugendhilferecht (7,90 €)
- 📖 Sozialrecht (7,90 €)

Nebengebiete

- 📖 🎧 Standardfälle Handels- & GesR (9,90 €)
- 📖 🎧 Standardfälle Arbeitsrecht (9,90 €)
- 📖 Standardfälle ZPO (9,90 €)
- 📖 🎧 Basiswissen HandelsR (Frage-Antwort) (7,9 €)
- 📖 🎧 Basiswissen Gesellschaftsrecht (7,90 €)
- 📖 🎧 Basiswissen ZPO (Frage-Antwort) (7,90 €)
- 📖 🎧 Basiswissen StPO (Frage-Antwort) (7,90 €)
- 📖 Handelsrecht (9,90 €)
- 📖 Gesellschaftsrecht (9,90 €)
- 📖 Arbeitsrecht (9,90 €)
- 📖 Kollektives Arbeitsrecht (9,90 €)
- 📖 ZPO I - Erkenntnisverfahren (9,90 €)
- 📖 ZPO II - Zwangsvollstreckung (9,90 €)
- 📖 Strafprozessordnung - StPO (9,90 €)
- 📖 Einf. Internationales Privatrecht - IPR (9,90 €)
- 📖 Standardfälle IPR (9,90 €)
- 📖 Einf. Internationales Wirtschaftsrecht (9,90 €)
- 📖 Insolvenzrecht (9,90 €)
- 📖 Gewerbl. Rechtsschutz/Urheberrecht (9,90 €)
- 📖 Wettbewerbsrecht (9,90 €)
- 📖 Ratgeber 500 Spezial-Tipps für Juristen (12 €)
- 📖 Mediation (7,90 €)
- 📖 Sportrecht (9,90 €)

Karteikarten (je 9,90 €)

- 🗂 Zivilrecht: BGB AT/SchuldR/Grundlagen/Schemata
- 🗂 Strafrecht: AT/BT-1/BT-2/Streitfragen
- 🗂 Öff. R.: StaatsorgaR/GrundR/VerwR/Schemata

Assessorexamen

- 📖 Der Aktenvortrag im Strafrecht (7,90 €)
- 📖 Der Aktenvortrag im Zivilrecht (7,90 €)
- 📖 Der Aktenvortrag im Öffentlichen Recht (7,90 €)
- 📖 Staatsanwaltl. Sitzungsdienst & Plädoyer (9,90 €)
- 📖 Die strafrechtliche Assessorklausur (7,90 €)
- 📖 Die Assessorklausur VerwR Bd. 1 (7,90 €)
- 📖 Die Assessorklausur VerwR Bd. 2 (7,90 €)
- 📖 Vertragsgestaltung in der Anwaltsstation (7 €)

Irrtümer und Änderungen vorbehalten!

BWL

- 📖 Einführung i. die Betriebswirtschaftslehre (7,90 €)
- 📖 Marketing (7 €)
- 📖 Organisationsgestaltung & -entwickl. (7,90 €)
- 📖 Fallstudien Organisationsgestaltung & -entwickl.
- 📖 Internationales Management (7 €)
- 📖 Wie gelingt meine wiss. Abschlussarbeit? (7 €)

Irrtümer und Änderungen vorbehalten!

Schemata

- 📖 Die wichtigsten Schemata-ZivR,StrafR,ÖR (12,90)
- 📖 Die wichtigsten Schemata-Nebengebiete (9,90 €)

🎧 bedeutet: auch als **Hörbuch** (CD oder MP3-Download) lieferbar!

Bei **niederle-media.de** bestellte Artikel treffen idR *nach 1-2 Werktagen* ein!